# 铭记历史　共创未来

## ——中俄共同庆祝世界反法西斯战争胜利70周年
## 国际研讨会论文集

# ПОМНИТЬ ИСТОРИЮ
# СОВМЕСТНО СОЗДАВАТЬ БУДУЩЕЕ

**Сборники научных статей китайско-российской
международной конференции
посвящённой 70-летию победы над фашизмом во
Второй мировой войне**

主　编：陈玉荣
副主编：李自国

中国国际问题研究院
中俄友好、和平与发展委员会
世界知识出版社

与会代表合影

会议主席台

中国国际问题研究院院长苏格发言

会场

俄罗斯联邦驻华大使安·杰尼索夫发言

上合组织秘书处代表维·沃罗比约夫发言

俄罗斯莫斯科国立国际关系学院副院长叶·柯若金发言

俄罗斯科学院远东所代所长谢·卢贾宁发言

会场

# 目 录

# 铭记历史　共创未来

——中俄共同庆祝世界反法西斯战争胜利70周年国际研讨会
与会代表名单

2015年6月3日—4日·北京

| 中方与会代表 | |
|---|---|
| **中国国际问题研究院** | |
| 苏　格 | 中国国际问题研究院院长，中国前驻冰岛大使 |
| 阮宗泽 | 中国国际问题研究院常务副院长，研究员 |
| 郭宪纲 | 中国国际问题研究院副院长，研究员 |
| 陈玉荣 | 中国国际问题研究院欧亚所所长，研究员 |
| 姜跃春 | 中国国际问题研究院世界经济与发展研究所所长，研究员 |
| 石　泽 | 中国国际问题研究院能源中心主任，研究员 |
| 夏义善 | 中国国际问题研究院研究员 |
| 李自国 | 中国国际问题研究院欧亚所副所长，副研究员 |
| 李敏捷 | 中国国际问题研究院欧亚所助理研究员 |
| 韩　璐 | 中国国际问题研究院欧亚所助理研究员 |
| 程　敏 | 中国国际问题研究院欧亚所助理研究员 |
| 赵　臻 | 中国国际问题研究院欧亚所助理研究员 |
| 白联磊 | 中国国际问题研究院欧亚所助理研究员 |
| 汤中超 | 中国国际问题研究院欧亚所实习研究员 |
| **中方学术单位代表（按姓氏笔画排序）** | |
| 于振起 | 中国国际问题研究基金会副理事长，<br>中国前驻白俄罗斯、保加利亚大使 |
| 万成才 | 新华社世界问题研究中心研究员 |
| 王海运 | 中国前驻俄罗斯使馆武官，少将，<br>中国上合组织研究中心高级顾问 |
| 王宪举 | 国务院发展研究中心欧亚所副所长 |
| 王宝富 | 中国国防大学教授 |

| | |
|---|---|
| 孙壮志 | 中国社科院上合组织研究中心秘书长，研究员 |
| 孙　力 | 中国社科院欧亚所副所长，研究员 |
| 孙昌洪 | 国务院发展研究中心欧亚所常务副所长，研究员 |
| 石源华 | 复旦大学国际问题研究院教授 |
| 李凤林 | 国务院发展研究中心欧亚所所长，中国前驻俄罗斯大使 |
| 李静杰 | 中国社科院学部委员，中国俄罗斯东欧中亚学会会长 |
| 李永全 | 中国社科院欧亚所所长，研究员 |
| 李抒音 | 中国军事科学院外军室副主任，研究员 |
| 李　新 | 上海国际问题研究院俄罗斯研究中心主任，研究员 |
| 李　兴 | 北京师范大学政府管理学院教授 |
| 李　伟 | 辽宁省本溪市对外友协秘书长 |
| 邢广程 | 中国社科院中国边疆研究所所长，研究员 |
| 关贵海 | 北京大学国际关系学院副院长，教授 |
| 吴恩远 | 中国社科院欧亚所前所长，研究员 |
| 吴宏伟 | 中国社科院欧亚所中亚研究室主任，研究员 |
| 陈学惠 | 中国军事科学学会国际军事分会秘书长，研究员 |
| 俞　邃 | 中国当代世界研究中心教授、俄罗斯科学院远东所荣誉博士 |
| 贺新城 | 中国军事科学院军事历史研究部研究员 |
| 钱文荣 | 新华社世界问题研究中心研究员 |
| 徐　焰 | 中国国防大学战略教研部教授 |
| 徐　铭 | 黑龙江省政府发展研究中心研究员 |
| 盛世良 | 新华社世界问题研究中心研究员 |
| 潘大渭 | 上海社科院俄罗斯研究中心主任 |

**中方官方机构代表**

| | |
|---|---|
| 蒋　娜 | 外交部欧亚司参赞 |
| 袁　静 | 外交部欧亚司二秘 |
| 胡春梅 | 中俄友好协会秘书长 |
| 郇　军 | 黑龙江省人民政府绥芬河市副市长 |
| 刘思聪 | 黑龙江省人民政府绥芬河市外事处处长 |
| 姜　超 | 黑龙江省人民政府绥芬河市外事处翻译 |

**外方与会代表**

**俄罗斯科学院远东所代表团**

| | |
|---|---|
| 卢贾宁 | 俄罗斯科学院远东所代理所长 |
| 波尔加科夫 | 俄罗斯科学院远东所副所长 |

| 乌亚纳耶夫 | 俄罗斯科学院远东所所长助理，俄中关系研究中心主任 |
|---|---|
| 克列缅科 | 中将，俄罗斯科学院远东所研究员，军事科学院教授 |
| 兹莫宁 | 俄罗斯国防部军事大学教授，远东所研究员 |

### 莫斯科国立国际关系学院代表团

| 柯若金 | 莫斯科国立国际关系学院副院长，俄罗斯总统战略所前所长 |
|---|---|
| 卢金 | 莫斯科国立国际关系学院东亚与上合组织研究中心主任 |
| 曲格罗夫 | 莫斯科国立国际关系学院国际新闻系教授，《政治研究》杂志主编 |
| 兹娃戈里斯卡娅 | 莫斯科国立国际关系学院东方学系教授 |
| 萨夫兰丘克 | 莫斯科国立国际关系学院国际政治进程教研室副教授 |

### 有关国家驻华使馆代表

| 杰尼索夫 | 俄罗斯驻华大使 |
|---|---|
| 陶米恒 | 俄罗斯驻华使馆公使衔参赞 |
| 帕什科夫 | 俄罗斯驻华使馆高级参赞 |
| 杨科明 | 俄罗斯驻华使馆高级参赞 |
| 克浪斯 | 俄罗斯驻华使馆一秘 |
| 安德罗索夫 | 俄罗斯驻华使馆一秘 |
| 格列恰内 | 俄罗斯驻华使馆二秘 |
| 库尔班诺夫 | 乌兹别克斯坦驻华大使 |
| 乌巴伊杜拉耶夫 | 乌兹别克斯坦驻华使馆二秘 |
| 萨尔基相 | 亚美尼亚驻华大使 |
| 阿伊马哈诺夫 | 哈萨克斯坦驻华使馆参赞 |
| 维尔盖伊奇卡 | 白俄罗斯驻华使馆参赞 |
| 朱萨耶夫 | 吉尔吉斯斯坦驻华使馆参赞 |
| 阿卜杜拉希莫娃 | 塔吉克斯坦驻华使馆参赞 |
| 雅马多夫 | 土库曼斯坦驻华使馆参赞 |

### 上合组织秘书处代表

| 沃罗比约夫 | 上合组织秘书处参赞 |
|---|---|
| 王开文 | 上合组织秘书处参赞 |
| 嘉丽诺娃 | 上合组织秘书处秘书 |

### 同传议员

| 李英男 | 北京外国语大学教授 |
|---|---|
| 刘铮 | 北京外国语大学教授 |

# СПИСОК УЧАСТНИКОВ
## ПОМНИТЬ ИСТОРИЮ, СОВМЕСТНО СОЗДАВАТЬ БУДУЩЕЕ

——**китайско-российская международная научная конференция, посвящённая 70-летию победы над фашизмом во Второй мировой войне**

### 3-4 июня 2015г. г, Пекин

| Представители организатора | |
|---|---|
| **Представители Китайской академии международных проблем** | |
| Су Гэ | Президент Китайской академии международных проблем (КАМП), бывший посол КНР в Исландии |
| Жуань Цзунцзэ | Первый вице-президент КАМП, главный научный сотрудник |
| Го Сяньган | Вице-президент КАМП, главный научный сотрудник |
| Чэнь Юйжун | Директор Института евразии КАМП, главный научный сотрудник |
| Цзян Яочунь | Директор института мировой экономики и развития КАМП, главный научный сотрудник |
| Ши Цзе | Директор центра энергетики КАМП, главный научный сотрудник КАМП |
| Ся Ишань | Главный научный сотрудник КАМП |
| Ли Цзыго | Замдиректор Института евразии КАМП, ведущий научный сотрудник |
| Ли Миньцзе | Старший научный сотрудник Института евразии КАМП |
| Хань Лу | Старший научный сотрудник Института евразии КАМП |
| Чэн Минь | Старший научный сотрудник Института евразии КАМП |
| Чжао Чжэнь | Старший научный сотрудник Института евразии КАМП |
| Бай Ляньлэй | Старший научный сотрудник Института евразии КАМП |
| Тан Чжунчао | Научный сотрудник Института евразии КАМП |
| **Зарубежные участники** | |
| **По алфавиту** | |
| И. Сафранчук | Доцент кафедры мировых политических процессов МГИМО(У) |

| И. Звягельская | Профессор кафедры востоковедения МГИМО(У) |
| --- | --- |
| В. Зимонин | Главный научный сотрудник Института Дальнего Востока РАН и профессор Военного Университета МО РФ |
| А. Клименко | Генерал-лейтенант, кандидат военных наук, ведущий научный сотрудник ИДВ РАН, профессор Академии военных наук |
| Е. Кожокин | Проректор по научной работе МГИМО(У) |
| С. Лузянин | И.о. директора Института Дальнего Востока РАН |
| А. Лукин | Директор Центра исследований Восточной Азии и ШОС МГИМО(У) |
| В. Портяков | Заместитель директора Института Дальнего Востока РАН |
| С. Уянаев | Помощник директора, руководитель Центра российско-китайских отношений Института дальнего Востока РАН |
| С. Чугров | Профессор кафедры международной журналистики МГИМО(У), главный редактор журнала «Полис» |
| **Представители китайских научных учреждений** | |
| Ли Фэнлинь | Бывший посол КНР в РФ, Директор Института социального развития Европы и Азии при Центре развития Госсовета КНР |
| Юй Чжэньци | Бывший посол КНР в Белорусии, Вице-президент Китайского фонда международных исследований |
| Ли Цзинцзе | Президент всекитайской ассоциации по изучению России, восточной Европы и ЦА Китайской Академии Общественной Науки (КАОН), академик |
| Юй Суй | Профессор Центра исследований современного мира, почётный доктор ИДВ РАН |
| Син Гуанчэн | Директор Института по исследованию пограничных районов Китая КАОН, главный научный сотрудник |
| У Эньюань | Бывший директор Института России, Восточной Европы и Центральной Азии КАОН, главный научный сотрудник |
| Ван Хайюнь | Старший консультатн Китайского центра исследований ШОС, генерал-майор, бывший военный атташе посольства КНР в РФ |

| | |
|---|---|
| Ли Юнцюань | Директор Института России, Восточной Европы и Центральной Азии КАОН, главный научный сотрудник |
| Сун Чжуанчжи | Генеральный секретарь Центра исследований ШОС КАОН |
| Чэнь Сюехуэй | Генерал-майор Академии Военных Наук КНР |
| Сунь Ли | Зам директора Института России, Восточной Европы и Центральной Азии КАОН, главный научный сотрудник |
| Сунь Чанхун | Первый заместитель директора Института социального развития Европы и Азии при Исследовательском Центре развития Госсовета КНР |
| Ван Сяньцзюй | Зам. директора Института социального развития Европы и Азии при Исследовательском Центре развития Госсовета КНР |
| Цянь Вэньжун | Главный научный сотрудник Центра международных исследований Ангенства «Синьхуа» |
| Вань Чэнцай | Главный научный сотрудник Центра международных исследований Ангенства «Синьхуа» |
| Гуань Гуйхай | Проректор института международных отношений Пекинского университета, профессор |
| Шэн Шилян | Главный научный сотрудник Центра международных исследований Ангенства «Синьхуа» |
| У Хунвэй | Заведующий отделом ЦА Института России, Восточной Европы и Центральной Азии КАОН |
| Ли Шуинь | Заместитель заведующего отделом зарубежных армий Академии Военных Наук КНР |
| Хэ Синьчэн | Главный научный сотрудник отдела истории Академии Военных Наук КНР |
| Сюй Янь | Профессор стратегической кафедры Оборонного Университета КНР |
| Ван Баофу | Профессор Университета национальной обороны НОАК |
| Ши Юаньхуа | Профессор института международных проблем Фуданьского Университета |
| Пань Давэй | Директор центра исследований России Шанхайской Академии общественных наук |

| | |
|---|---|
| Ли Синь | Директор центра России Шанхайской Академии международных исследований, главный научный сотрудник |
| Ли Син | Профессор Института правительственного управления Пекинского Педагогического Университета |
| Сюй Мин | Главный научный сотрудник Исследовательского Центра развития правительства провинции Хэйлунцзян |
| Ли Вэй | Генсекретарь общества дружбы с границей города Бэньси провинции Ляонин |

**Официальные представители КНР**

| | |
|---|---|
| Цзян На | Советник МИДа КНР |
| Юань Цзин | Второй секретарь МИД КНР |
| Ху Чуньмэй | Генсекретарь Общества Китайско-Российской Дружбы |
| Сюнь Цзюнь | Вице-мэр города Суйфыньхэ провинции Хэйлунцзян |
| Лю Сыцун | Начальник отдела иностранных дел города Суйфыньхэ провинции Хэйлунцзян |
| Цзян Чао | Переводчик отдела иностранных дел города Суйфыньхэ провинции Хэйлунцзян |

**Представители посольства**

| | |
|---|---|
| А. Денисов | Посол РФ в КНР |
| Е. Томихин | Советник-посланик посольства РФ в КНР |
| В. Пашков | Советник посольства РФ в КНР |
| С. Якимец | Советник посольства РФ в КНР |
| С. Кранс | Первый секретарь посольства РФ в КНР |
| С. Андросов | Первый секретарь посольства РФ в КНР |
| М. Гречаный | Второй секреарь посольства РФ в КНР |
| Д. Курбанов | Посол Республики Узбекистан в КНР |
| Н. Убайдуллаев | Второй секретарь посольства РУ в КНР |
| А. Саркисян | Посол Республики Армения в КНР |
| А. Аймаханов | Советник посольства Республики Казахстан в КНР |
| К. Джусаев | Советник посольства Кыргыской Республики в КНР |
| Ш. Абдурахимова | Советник посольства Республики Таджикстан в КНР |
| А. Ямадов | Советник посольства Республики Туркменистан в КНР |
| С. Вергейчик | Советник посольства Республики Беларусь в КНР |

| Представители секретариата ШОС | |
|---|---|
| В. Воробьёв | Советник Секретариата ШОС |
| Ван Кайвэнь | Советник Секретариата ШОС |
| Галинова | Секретарь Секретариата ШОС |
| **Синхронные переводчики** | |
| Ли Инна | Профессор Пекинского университета иностранных языков |
| Лю Чжэн | Профессор Пекинского университета иностранных языков |

# 开幕式致辞

# 俄罗斯联邦驻中华人民共和国大使安·杰尼索夫致辞

今年，我们共同庆祝战胜德国法西斯和日本军国主义70周年。这是对全世界有着重大历史意义的社会政治事件。二战是人类历史上最悲惨的事件之一，给苏联和中国人民以及全世界无数人留下了深深的伤痛。

我们高度重视习近平主席访问莫斯科并参加了在莫斯科举行的隆重纪念活动。中国人民解放军首次参加了红场阅兵式。

各种大规模的纪念活动引人瞩目。不说其他地区，仅仅莫斯科市参加纪念活动的人数就达50万。我们举行的纪念活动，使包括中国公民在内的所有参与者都有机会再次缅怀先辈英烈。

应习主席邀请，俄罗斯总统普京将参加9月份举行的中国人民抗战胜利庆祝活动，俄罗斯还将派遣部队参加阅兵式。

作为世界反法西斯战争中的盟国，俄中两国对战争性质和结果的看法几乎完全一致。我们可以大胆地说，俄中两国有着共同的历史。有的中国英雄，比如，"中国佐尔格"阎宝航也是我们的英雄。今年4月份，我受俄罗斯总统委托向40名中国老战士授予"伟大卫国战争胜利70周年纪念奖章"。习近平主席5月8日在莫斯科会见了参加抗战的俄罗斯老战士，向他们亲切地表示了祝贺并授予奖章。

在这个背景下，我们认为由俄方提出并受到中方全力支持的联合搜寻（遗骸）行动是前所未有的，也是非常适时的。据俄方档案资料，中国领土上无名烈士墓安葬着数百名为中国解放而牺牲的苏联战士。5月10日，在黑龙江省牡丹江市穆棱县的搜寻行动已经展开。

活动的目的是让那些英雄永垂不朽。我深信，俄中青年参加搜寻活动能够使俄中传统友谊和睦邻友好关系代代相传。

近几年，出现了形形色色的新政治力量，无论是在西方还是在东方，他们追求眼前的政治利益，企图篡改20世纪的历史，篡改《联合国宪章》和其他国际文件所体现的二战成果。

因此，建立俄中学术界的密切交流至关重要。两国学者可以深入探讨如何传承历史、增进对这段战争历史的了解，并思考如何应对对历史的曲解、特别是蓄意歪曲历史事实的行为。

最后，预祝会议圆满成功！

# 俄罗斯科学院远东所代所长
# 谢·卢贾宁致辞

很高兴在这里致辞。我们研讨会的题目不仅在学术上有重要意义，而且在政治和推进俄中关系上也具有重要意义。2015年5月9日，习主席参加了在莫斯科举行的庆祝二战胜利活动，普京总统也将到北京参加第二阶段的庆祝活动。这两件大事之间相互关联，它们都表明，俄罗斯（当时的苏联）和中国在战胜德国法西斯和日本军国主义的第二次世界大战中起到了至关重要的作用。非常高兴地告诉大家，在习主席抵达莫斯科之前，也就是5月5日—6日，由俄罗斯科学院主席团、远东所和俄中友协共同举办了学术研讨会，研讨会的题目是"俄中两国在世界反法西斯战争中的作用"。今天参加会议的专家学者也很多，这是很好的现象。在莫斯科举行的研讨会上，习主席向会议发来贺电，我们当场进行了宣读，大家都很振奋。俄罗斯总统普京也向研讨会发了贺电。我们认为，这两份贺电说明我们正在完成两国领导人交给我们的任务，今天的会议则是为了继续完成这一任务。当时，两国领导人都强调，反对歪曲历史的图谋是两国面临的重要任务。我们必须清楚地向世人说明中国在二战期间的重要作用。在苏联进入反法西斯战争前，中国是世界反法西斯最重要的战场，牺牲很大，贡献很大。中苏两国都遭受了巨大的损失，苏联有2700万军民牺牲，中国有3700万军民牺牲。还有，实际上反法西斯第二条战线早在1937年就展开了。那时候，中国全面抗击日本军国主义，苏联则给予了中国各种援助，包括人员和武器装备。1937年以来，中国军民与日本侵略者进行了殊死战斗，大量牵制了日军。我们最终彻底粉碎了德、日法西斯。我们举办的这些研讨会不仅是为了巩固和平、反对歪曲历史图谋，我们还要遏制新法西斯和新纳粹势力的增长。这种情况在一些地区在增长，值得关注。

# 俄罗斯莫斯科国立国际关系学院副院长叶·柯若金致辞

　　1989年的晚秋，在莫斯科的一家咖啡馆里，俄罗斯伟大哲学家——摩尔丹什维利说二战终于结束了。此时，苏联正在经历着深刻的危机。欧洲的平衡被打破，新的历史一页揭开了。当时，剧变被认为是新的、和谐的、幸福的，我们自认为与西方伙伴们处于蜜月期，希望他们会像对待新思维一样对待苏联。

　　我认为，哲学家的视角是非常独特的。直到许多年后，我才开始领悟到摩尔丹什维利当时所指是什么。我们并未如他那样认识深刻，因此当时很难理解他。冷战结束后，西方伙伴试图建立一个纯西方的世界，从温哥华到海参崴，所有事务由华盛顿决定。苏联的解体被看作是美国的胜利，美国总统不止一次谈到，一战、二战、冷战美国都是胜利者。有胜利者就有失败者，失败者要付出代价。因此，他们认为，苏联在冷战中失败了，俄罗斯是苏联的继承者，就应该承担失败的代价，应该受美国驱使。在这方面，华盛顿错了。我们在改革过程中是犯过错误，犯过重大错误。但是错误是我们自己的，就像成就也是我们自己的一样。我们国家的特点就是在所有历史时期，我们都独立自主。我们向何处发展、同谁合作，都由我们自己决定，我们不接受奴役，这是我们永恒的传统。

　　但当他们将希特勒和斯大林相提并论时，这就不仅仅是一个哲学命题了，这是一个政治问题。从政治角度来看有其深远而严重的后果。首先，将纳粹和社会主义等同时，消灭的就不仅仅是我们的历史了。我们的历史中固然有沉痛的地方，但也有英雄主义。英雄主义不能简单视为集权主义。现在，有人试图将二战解释为两个集权主义国家之间的战争，把纳粹德国和社会主义苏联相提并论，这不仅是试图歪曲历史，而且是企图篡改我们的历史。全世界的孩子们需要公正的历史，试图歪曲历史的人也是在企图动摇人类生存的基础。

关于发展道路，有些国家尝试将社会主义与资本主义结合起来，这也是非常艰难的。目前，中国和越南就是在探索这样的道路。而古巴则继续走原来的道路，同样很艰辛。

关于近代史的史学观。不容置疑，中、俄、美都在为自由而战斗，尽管各国对自由的理解不同。第一，为自由而战是我们前进的巨大动力。二战结束后，殖民地纷纷独立，保留殖民地不再可能。第二，如果回顾二战历史，我们发现共产党对欧洲的解放起到了中流砥柱的作用。但目前，乌克兰禁止任何共产党的标志，以所谓的民族英雄们的名字建立街道和博物馆，而实际上当年他们是铁卫军和党卫军的成员，处决游击队员。现在有人讲这是民主社会干的事情。

每个民族都应该有自己神圣的东西，否则会分裂和灭亡。我们对二战的记忆就是神圣的。5月9日后，一个社会民主机构做了问卷调查，发现在俄罗斯不同信仰和观点的人们都支持"5·9"阅兵活动。对二战的记忆是非常重要的。历史学家还需要将这一残酷而伟大的历史面貌真实地呈献给人们。我们要牢记这段痛苦的历史。1942年，东京内部有过很大的争论，即日本要不要进攻苏联，但最后日本没有进攻苏联。为什么？因为中国人站在最前线，承受了巨大的牺牲。这是中俄两国人民共同的记忆，历史友谊永远不应被忘记。

# 第一部分：
# 世界反法西斯战争与中俄的历史贡献

# 世界反法西斯战争胜利的重大历史意义

阮宗泽①

2015年是中国人民抗日战争暨世界反法西斯战争胜利70周年，也是联合国成立70周年。联合国及各成员国以纪念世界反法西斯战争胜利70周年为契机举行了一系列纪念活动。

中俄两国学者在北京举办的"铭记历史，共创未来——中俄共同庆祝世界反法西斯战争胜利70周年"国际研讨会意义非凡。历史是一面镜子，只有正视历史，才能负责任地面对未来。世界反法西斯战争胜利的重大历史意义体现在如何充分肯定中国与俄罗斯在二战中的历史作用，棒喝篡改历史或美化侵略历史的图谋，努力构建更加公正合理的国际新秩序。

## 一、中俄是二战亚洲与欧洲的主战场

习近平主席于2015年5月7日在俄罗斯《俄罗斯报》发表题为《铭记历史，开创未来》的署名文章说："俄罗斯是第二次世界大战欧洲主战场……中国是第二次世界大战亚洲主战场。中国人民抗日战争起始最早，持续时间最长，条件最艰苦，付出的牺牲也同俄罗斯人民一样是最惨重的。中国军民不屈不挠、艰苦卓绝的抗日斗争，消灭并牵制了日本侵略者大量兵力，以伤亡3500万人的巨大民族牺牲，最终赢得了抗日战争的伟大胜利，为世界反法西斯战争胜利作

---

① 阮宗泽：中国国际问题研究院常务副院长、研究员。

出了巨大贡献。同俄罗斯人民一样,中国人民为抗战胜利谱写的历史篇章也永远铭刻在历史上。"

2015年2月,作为联合国安理会轮值主席国,中国倡议于2月23日举行安理会部长级公开辩论会,主题是"维护国际和平与安全:以史为鉴,重申对《联合国宪章》宗旨和原则的坚定承诺",这一倡议得到广大会员国的积极响应。八十多个国家的代表与会发言。会议凝聚了国际社会在维护《宪章》宗旨和原则方面的共识,拉开了纪念世界反法西斯战争胜利和联合国成立70周年的序幕。

中国外交部长王毅在纽约联合国总部以安理会主席身份主持以国际和平与安全为主题的公开辩论会。王毅说,70年前,世界反法西斯战争取得了伟大胜利,深深改变了世界。在反省历史、思索未来的过程中,联合国应运而生。《联合国宪章》宣示了国际社会消弭战祸、永保和平的坚定信念,确立了当代国际关系的基本准则,建立了止战维和的保障机制。70年后的今天,《联合国宪章》并没有过时。我们不仅应当重温《宪章》的精神,还应结合当今时代潮流和实际需要,不断丰富《宪章》内涵,赋予其新的生机与活力。

2月26日,第69届联合国大会以协商一致的方式通过决议,决定将于2015年5月举行纪念世界反法西斯战争胜利70周年特别会议。中国、印度、越南、朝鲜、斐济、德国、荷兰、波兰、罗马尼亚、塞尔维亚、白俄罗斯、哈萨克斯坦、巴西等近四十个国家是这一题为"第二次世界大战结束七十周年"决议的共同提案国。决议强调,"这一历史性事件为联合国的创立创造了条件,创立联合国的目的是防止今后发生战争,避免后世再遭战祸。"

该决议具有重要历史和现实意义,主要体现在两个"第一次"。

(一)第一次充分肯定了二战的结束日期因国而异。1945年2月雅尔塔会议后,盟军从各条战线发起强大攻击。5月7日,德国陆军上将约德尔在兰斯的艾森豪威尔的总部向美、英、苏、法代表签署了无条件投降书。8日夜,在柏林正式举行德国投降仪式。美、英、法等国将5月8日定为欧洲胜利日;由于时差,苏联则确定5月9日为战胜法西斯德国的纪念日。

而亚洲战场一直到下半年才结束。1945年9月2日，日本向盟军投降仪式在东京湾"密苏里"号军舰上举行。在包括中国在内的九个受降国代表注视下，日本在投降书上签字。这是中国近代以来反侵略历史上的第一次全面胜利，为世界反法西斯战争的胜利作出了巨大贡献。2014年2月27日，中国第十二届全国人大常委会第七次会议经表决通过决定，将9月3日确定为中国人民抗日战争胜利纪念日。在2014年9月3日当天，中国首次庆祝"抗日战争胜利纪念日"。

（二）第一次肯定了亚洲战场的历史地位，换言之，第一次肯定了中国作为二战东方主战场的历史地位。中国人民抗日战争是世界反法西斯战争的重要组成部分，发挥了东方主战场的重要作用。在世界反法西斯战争中，中国人民抗日战争开始最早、持续时间最长。中国人民抗日战争持续的时间最长，达14年之久。而欧洲战场持续时间为5年多，太平洋战场持续时间为近4年。中国人民为世界反法西斯战争的胜利付出了巨大牺牲。据不完全统计，中国军民伤亡总数在3500万以上，按照1937年的比值折算，直接经济损失1000多亿美元，间接经济损失5000多亿美元。中国战场长期牵制和抗击了日本帝国主义的主要兵力，歼灭日军150多万，对日本侵略者的彻底覆灭起到了决定性作用。中国人民抗日战争在战略上策应和支持了盟国作战，配合了欧洲战场和太平洋战场的战略行动，制约和打乱了日本法西斯和德意法西斯战略配合的企图。中国对二战所做出的历史作用正在得到世界越来越多的肯定。

王毅外长表示，作为世界反法西斯同盟的重要力量和东方主战场，中国与各国一道，为赢得战争胜利付出了巨大民族牺牲，作出了重大历史贡献。中国作为联合国创始成员国和安理会常任理事国，始终坚定捍卫《宪章》的精神，支持联合国的作用，维护世界的和平与稳定。

## 二、反对篡改历史或美化侵略历史的企图

战后秩序是建立在一系列重要的历史文件之上的。1943年12月

1日，中、美、英三国在埃及首都开罗共同发表《开罗宣言》，对日本领土处置的规定就是剥夺日本自明治维新后"以暴力或贪欲攫取之所有土地"。开罗会议是反法西斯战争期间中国参加的盟国最高级别的会议，对打败日本法西斯、结束亚太地区战争，以及重建亚太国际秩序，尤其是对中国战后收复领土、维护领土主权和海洋权益，具有重要战略意义。《开罗宣言》是在反法西斯战争的背景下，以中、美、英三国首脑会谈精神作为基础，由美方起草，经中、美、英三方代表认真讨论，特别是在经过中国代表据理力争的情况下，三国首脑同意，并征得斯大林同意，以国际协议的形式公布于世，是战后处理日本问题重要的国际文件。

1945年7月26日，中、美、英三国又发表敦促日本投降的《波茨坦公告》，敦促日本履行《开罗宣言》。《波茨坦公告》具体规定："日本之主权必将限于本州、北海道、九州、四国及吾人所决定其他小岛之内。"由此可见，《波茨坦公告》和《开罗宣言》以及日本投降书对《波茨坦公告》的接受，构成了战后国际秩序的重要基础文件。

然而，日本右翼却想挑战《开罗宣言》《波茨坦公告》，企图否定二战的胜利成果。2015年5月20日，日本首相安倍晋三在日本国会的党首辩论中，拒绝明确承认《波茨坦公告》对日本侵略战争的定性。在日本党首辩论中，日本共产党委员长志位和夫说，日本在接受《波茨坦公告》后结束了战争，《波茨坦公告》第六条以及第八条中提到的《开罗宣言》确认日本发动的战争是侵略战争。志位和夫为此要求安倍就日本发动的那场战争是对是错做出明确表态。安倍拒绝做出表态，反而声称没有看过《波茨坦公告》这部分内容，"无法做出评论"。志位和夫质问安倍是否承认《波茨坦公告》，安倍再次回避明确表态，只是称当时接受《波茨坦公告》是日本结束战争的方式。

据日本NHK电视台6月1日报道，安倍晋三在当天举行的众议院特别委员会上再次对《波茨坦宣言》的第六条"日本为征服世界发动侵略战争"的内容予以否认，称《波茨坦宣言》是仅代表"二战"期间同盟国政治立场的官方文件，当时接受宣言也只是日本结束战争的一种方式。

日本右翼一心要摆脱"自虐"观，成为正常化国家，获取集体自卫权，修改宪法，放弃专守防卫，成为"能战"国家。7月16日，安倍以其领导的联合执政党占据了众议院三分之二议席的优势，不顾反对，强行通过新安保法案，其核心就是解禁集体自卫权。日本政府在2015年5月14日举行的临时内阁会议上，通过了与行使集体自卫权相关的一系列安保法案。其实质是"自卫队海外派遣永久法"。法案的通过，意味着安倍政府解禁集体自卫权、修订日美防卫合作指针、扩大自卫队海外军事活动的军事安保政策在法律层面扫清了障碍。

2014年8月，中国、俄罗斯、哈萨克斯坦、白俄罗斯、亚美尼亚、吉尔吉斯斯坦和塔吉克斯坦等国常驻联合国代表共同致函联合国秘书长潘基文，要求将"纪念世界反法西斯战争胜利70周年"列入第69届联大议程。致函表示，会员国应牢记世界反法西斯战争的历史教训，二战成果以及纽伦堡国际法庭、远东国际法庭的审判结果不容篡改。

纪念二战胜利70周年，就是要重温《开罗宣言》《波茨坦公告》的精神，维护这样一些重要国际法文件的尊严，只有这样才能更好地维护世界的和平与稳定。

## 三、建立公正合理的国际新秩序

中国、俄罗斯还积极参与创建联合国的过程。1945年10月，联合国成立，中国成为联合国安全理事会常任理事国，这对战后建立以联合国体系为中心的国际秩序产生了重要影响。

联合国是世界反法西斯战争胜利后的制度性成果，《联合国宪章》开宗明义地写道：联合国的成立在于"欲免后世再遭今代人类两度身历惨不堪言之战祸"。在国际秩序的转型期，人们热切期望联合国能发挥更大作用、维护世界和平。切实维护《联合国宪章》宗旨和原则及国际关系基本准则至关重要，奠定战后国际政治格局基础的

《开罗宣言》与《波茨坦公告》等都必须得到遵守。纪念联合国成立70周年的最佳办法就是以史为鉴、维护国际和平与安全、强化联合国信誉和权威。

作为安理会常任理事国，中国在维护国际安全问题上作用显著。近年来，一些西方国家从新干涉主义出发，以"保护的责任"之名，行"政权更迭"之实。对此，中方倡导"负责任的保护"，强调不仅在干预之前和之中要负责，在干预之后同样要负起责任，而不是一走了之、留下烂摊子、让目标国如陷泥沼、国民苦不堪言。今天战乱不堪的利比亚即是一例，教训不少。在涉及叙利亚问题上，中国从维护《联合国宪章》出发，没有随波逐流，恰恰体现出了大国的担当。

当前，乌克兰危机搅动美国、欧洲与俄罗斯三边关系的深度调整。这场冲突折射出美国、欧洲与俄罗斯之间的欧洲秩序之争，欧洲安全红利消失，表明欧洲安全模式有待修正。美欧对俄罗斯的战略挤压有增无减，俄罗斯与西方关系在改善之前还可能变得更糟。经历了主权债务危机的欧洲大病初愈，面对发生在家门口的冲突进退失据。美国借机对欧洲盟友加强"共同安全防务"建设欲拒还迎，然而，乌克兰危机进一步暴露美国在推出亚太再平衡战略后不得不东张西望的摇摆处境。

习近平主席提出构建以合作共赢为核心的新型国际关系，既是对《联合国宪章》宗旨和原则的继承，更是一次重要的创新和发展。为此，王毅外长提出了"四要四不要"，即要和平，不要冲突；要合作，不要对立；要公平，不要强权；要共赢，不要零和。

总之，世界反法西斯战争的伟大胜利，是正义的胜利，是和平的胜利。中国与苏联作为二战时亚洲与欧洲的主战场，是世界反法西斯同盟的重要成员。纪念世界反法西斯战争胜利和联合国成立70周年，就是要让《联合国宪章》的精神照耀世界，让正义与和平得到维护，让合作共赢的理念遍播全球。

（2015年8月29日定稿）

# Неумолкаемое эхо войны
## —О политической подоплеке пересмотра концепций о характере Второй мировой войны

### Е. Кожокин [①]

СССР представлял собой для США все время своего существования независимый центр силы и в то же время альтернативный проект мироустройства. После распада Советского Союза, утраты всеми разновидностями социалистической идеи прежней притягательной силы и интеллектуальной убедительности в Соединенных Штатах родилось ощущение их неоспоримого лидерства.

Правда опасения, что побежденный противник в лице его государства-продолжателя Российской Федерации сохранит потенциал независимого участника международных отношений, не покидали умы американского истеблишмента даже в период наибольшего ослабления моей страны.

Относительная нормализация экономической жизни, отказ от планов расчленения государственных бизнес-корпораций, выплата государственных долгов, стремительное наращивание золото-валютных запасов благодаря благоприятной конъюнктуре на сырьевых рынках привели к созданию в определенной степени условий для осуществления внешней политики, соответствующей национальным интересам и целям сохранения на глобальном уровне принципов демократического мироустройства. Россия противодействовала

---

① Е. Кожокин: Проректор по научной работе МГИМО (У).

агрессивным действиям НАТО против Югославии в 1999 г., агрессии США и их союзников против Ирака, настойчиво добивалась и добивается урегулирования сирийского кризиса в рамках норм международного права. Все это обусловило убеждение американцев, вовлеченных в вопросы внешней политики и безопасности, в том, что Россия пошла не по тому пути, который ей наметили в Вашингтоне.

После триумфа конца 80 –начала 90-х прошлого века в США более не хотят терпеть автономные глобальные или региональные центры силы. Поддержка центробежных сил в Югославии, разгром Ирака Саддама Хусейна, социальные катастрофы Ливии и Сирии, отделение от Индонезии Восточного Тимора – все это пункты единой стратегии.

Ослабление военное, экономическое, духовное России – очевидная цель политики США. Разрушение российской политической нации – один из компонентов этой политики.

В американском истеблишменте возобладало желание, чтобы от Ванкувера до Владивостока был сплошной унифицированный, одномерный Запад, управляемый из Вашингтона.

Но это желание нереализумо даже для столь мощной державы как США. Иллюзорное стремление, своего рода либеральная утопия. Мир не станет и не должен становиться одномерным. Речь идет отнюдь не только об этнографическом разнообразии. Свобода политического выбора должна быть сохранена для всех людей, для всех народов.

Для обеспечения своей гегемонии США постоянно добиваются увеличения военно-технологического разрыва между собственной страной и всеми остальными державами мира, включая своих союзников. В то же время они реализуют программы глобального манипулирования сознанием людей.

Используя свои исключительные информационные возможности. США добиваются искоренения иных несовпадающих с собственными идеологических установок. Но идеологическая борьба не самоцель. Устраняют те установки, которые существенны для стран, осмеливающихся на международной арене, не подчиняться диктату

Соединенных Штатов.

Концепция противостояния в ходе Второй мировой войны двух тоталитаризмов абсолютно инструментальна. Она хорошо служит для мобилизации проамериканских, пронатовских сил в странах бывшей социалистической системы, особенно в Польше, а также в балтийских государствах и, конечно, на Украине.

На Украине эта концепция обеспечивает легитимацию бандеровцев и в целом идейную традицию интегрального национализма, символом которой в наибольшей степени являются Шухевич и сам Степан Бандера.

Приравнивание советского социализма и вообще коммунизма к нацизму манипуляция не только с точки зрения политического здоровья Украины, балтийских стран, всего постсоциалистического ареала.

Коммунистическая идея не сводилась и не сводится к опыту СССР. Да и сам этот опыт отличается значительным разнообразием. Советская система периода «военного коммунизма» существенно отличалась от эпохи нэпа (новой экономической политики, предложенной В.И.Лениным после завершения гражданской войны), сталинский социализм пережил после XX съезда КПСС серьезные изменения, а «развитой социализм» Брежнева явно глубоко отличался от горбачевской «перестройки».

Вторая мировая война изменила отношение к коммунистической идее и коммунистам у миллионов людей. Во время войны огромное множество коммунистов по всему миру проявило чудеса мужества и самоотверженности. Поразительные победы СССР после того, как в 1941 году в Лондоне и в Вашингтоне строили свои планы, исходя из того, что Советский Союз может не дожить до 1942 года. Самое стойкое сопротивление агрессорам оказали в Китае коммунисты под руководством Мао Цзедуна, во Вьетнаме коммунисты под руководством Хо Ши Мина, в Югославии коммунисты под руководством ИосипаБроз Тито, во Франции во время войны ФКП стали называть «партией расстрелянных».

Русские, китайцы, американцы, англичане, индийцы сообща боролись против агрессии нацистской Германии и милитаристской Японии за свободу, хотя понимали они свободу по разному.

Вторая мировая война – совершенно особое явление в мировой истории, особое для всех стран-участников войны, включая Соединенные Штаты. В Америке эпохи президента Рузвельта почти равной силой обладали два идейных течения. Одно нашло четкое и откровенное выражение в знаменитой статье, опубликованной в начале 1941 года в журнале «Life» газетным магнатом Генри Люсом, объявившим XX век «Американским». Он писал :«Мы должны всем сердцем принять свой долг и свое положение самой могущественной и жизнеспособной державы в мире и вследствие этого оказывать как можно большее влияние на весь остальной мирв таких целях и такими средствами, которые мы сочтем необходимыми». Квинтэссенция сути второго течения содержится в словах вице-президента США Генри Уоллеса, решительного противника любой империи, даже американской. Он говорил: «Кое-кто сейчас говорит об «Американском веке». А я вижу … новый век… который начнется по окончании этой войны и который может и должен стать веком простого человека… где ни одна нация не будет обладать «божественным правом» эксплуатировать другие народы … где не должно быть ни военного, ни экономического империализма… где падут международные картели, стоящие на службе американской алчности, и германская жажда мирового господства… Неуклонное движение к свободе, длившиеся последние 150 лет, проявилось во многих великих революциях: это и американская Война за независимость 1775 года, и Великая французская революция … революции в Латинской Америке эпохи Симона Боливара, революция 1848 года в Германии и Октябрьская революция 1917 года в России. Все они совершались в интересах простого человека… Некоторые из них зашли слишком далеко. И тем не менее многие люди сумели найти свой путь к свету. Современная наука, чье развитие стало сопутствующим достижением и неотъемлемой частью народных революций.. помогла добиться того, чтобы никто не голодал... Мы не остановимся, пока не освободим всех, кто стал жертвами нацистского гнета.. Грядет народная революция».[1]

О том, что «эта великая война является также великой революцией»[2] говорил и руководитель «Свободных французов» генерал Шарль Де Голль.

Понимание, что после войны мир будет совсем иным, и СССР, коммунистическая идея, коммунисты займут в этом мире значимое место разделяли очень многие люди, отнюдь не являвшиеся приверженцами концепций Маркса или Ленина. Разворот в сторону конфронтации с СССР произошел в США после войны в результате борьбы условно говоря между приверженцами подходов Люса и Уоллеса. Сторонники последнего проиграли, что привело в конечном счете к «холодной войне». Отождествлять гитлеровскую Германию и СССР, утверждая, что это две разновидности тоталитаризма стали еще в годы «холодной войны», руку к этому в частности приложили так называемые «новые философы» во Франции, сами бывшие коммунисты. Но информационно-пропагандистские государственные машины в этом ключе были запущены по настоящему уже после 1991 года. И решающую роль в этой кампании играли и играют США.

Они идут против того морального порядка, о котором столь убедительно писал американский же философ Рассел Кирк в своем интеллектуальном бестселлере «Корни Американского порядка», призывая выстраивать его, опираясь на «демократию ушедших», то есть признавая необходимость и адекватность мнений ушедших из

---

① Тамже.с.170-171.

② Discourset messages du general de Gaulle. (18 juin 1940–31 decembre 1941), London, 1942, p.32,17 Цит. по: СмирновВ.П. Движение Сопротивления во Франции в годы Второй мировой войны. М., 1974 с. 39.

жизни людей разных эпох.[①]

Сталинский социализм отличался жестким контролем над личностью, полным отсутствием политических свобод, репрессиями по отношению не только к реально инакомыслящим, но и потенциально инакомыслящим. И все же и идеология, и государственное устройство СССР имели глубокие отличия от нацистской Германии.

Отечественная война явилась чрезвычайно сложным феноменом. То как в ней выстояли советские люди остается до сих пор во многом непонятным, так как идеологические баталии и идеологические ограничители мешают познать психологию воинов и тружеников невероятных дней и ночей 1941-1945 годов. Приведем только два суждения солдат той войны, чтобы продемонстрировать сколько еще осталось непознанного и сколь непозволительно загонять людей той эпохи в шаблон тоталитарного объяснения.

«Я позволю себе вспомнить один эпизод, врезавшийся в память: Смоленщина начала октября 1941-го. Удивительной голубизны небо и удивительная тишина, бредущий мне на встречу по обочине красноармеец, кроме меня один-единственный на всю округу – и мое упрямое, злое нежелание поверить его словам: там, в рощице, немецкие танки!.. Человек, покинутый на произвол судьбы, внезапно, на кромке смерти, обрел свободу распорядиться собою. Именно свободу! Как очевидец и как историк свидетельствую: 1941-42 годы множеством ситуаций и человеческих решений являли собой стихийную «десталинизацию», по сей день не оцененную в этом качестве. Да, это наше, русское, российское, советское, но это еще и мир, человечество, вошедшее в нас тогда. Теряя же после то, что мы приобрели в эти два великих и страшных года, мы вновь теряли и себя, и мир. Сперва

---

① «Демократияушедших» (the democracyofthedead)–выражениеЧестертона, котороеширокоиспользует Р.Кирк. (RussellKirk.The Roots of American Order. Wilmington, Delaware, 2003 P.9)

неприметно, а затем с беспощадной очевидностью...».[1] Это слова Михаила Яковлевича Гефтера, во главе отряда студентов МГУ в 1941 возводившего оборонительные рубежи под Москвой, а затем солдата, долго воевавшего на фронтах Великой Отечественной, после войны известного историка, диссидента, оригинального мыслителя.

«И все-таки есть оно, никакой логикой, кажется необъяснимое чувство бойца передовой . Не вообще солдата - а именно солдата ближнего боя, передовой. Вот он-ты. Вот твой автомат. Твои гранаты. И впереди - никого. Только враг и ты, именно ты, никто другой, закрываешь от него всех, всю ту огромную страну, что за твоей страной. Ты слаб, мал, тебе холодно, часто страшно; но именно ты, лично, стоишь лицом к лицу с ним. А за тобою-мать и сестра. И их ты прикрываешь собой. Ты- самый главный сейчас. Незаменимый. Средоточие всего мира; это о тебе он думает, днем и ночью.»[2] А это слова Евгения Федоровича Оноприенко, воевавшего с 17 лет с августа 1943 г. до самого конца войны, затем сценариста и писателя.

И завершая приведу высказывание еще одного фронтовика. Александр Александрович Зиновьев (1922-2005), человек, прошедший всю войну с июня 1941 по май 1945 г., философ, специалист по математической логике, писатель, высланный из СССР и вернувшийся на Родину при первой же возможности поставил задачу, которую предстоит еще решать и решать: «Подавляющее большинство людей на Западе имеют чудовищно ложное представление о войне! Чтобы разобраться по-настоящему, нужна научная социологическая теория очень высокого уровня, которой фактически нет».[3]

---

① Надолинасбояться? Беседа с историком Михаилом Гефтером // Век XX и мир. 1987. № 8. С. 42–48// http://gefter.ru/archive/2011

② Евгений Оноприенко. Шляхи, окутанные дымом... Из записной книжки ветерана войны. Киев, 2010 с.26. Цит по: А.Ю.Бондаренко, Н.Н.Ефимов. Утаенные страницы советской истории. М., 2007 с.137.

③ Цит по: А.Ю.Бондаренко, Н.Н.Ефимов. Утаенные страницы советской истории. М., 2007 с.137.

# 苏联援华抗日及其历史启示

李静杰[①]

在抗日战争中，苏联向中国提供了巨大援助，但是其间两国关系中也发生过不愉快的事。第二次世界大战已过去70年了，现在回忆历史，不仅仅是为了"不忘记过去"，更重要的是从历史经验和教训中寻找启示，从而为做好今天的事增添智慧。

一

1937年7月7日，日本发动全面侵华战争。面对强敌，积贫积弱的中国孤军奋战。英、美、法等西方列强隔岸观火，唯有苏联向中国伸出援手。1937年8月22日，苏联与中国签订了《互不侵犯条约》。从1938年3月到1939年6月，苏联先后三次向中国提供总额达2.5亿美元的贷款。[②] 中国政府用这笔贷款从苏联购买了大量的武器和军事装备，其中有作战飞机904架、汽车1516辆、大炮1140门、轻重机关枪9720挺等。[③] 苏联援助中国抗战的另一种方式是向中国派遣

---

①　李静杰：中国社会科学院学部委员，中国俄罗斯东欧中亚学会会长。

②　1941年4月13日，苏日签订《中立条约》，条约规定"一旦签约的一方与一个或多个第三方势力有敌对冲突，条约的另一方将在整个冲突期间保持中立"。条约签订后，苏联政府通知中方：3月10日前中国申请的订货，苏联继续供应，其后的申请，苏联不再供货。6月22日，希特勒德国对苏联发动侵略，苏联全力投入反德国法西斯的卫国战争。这样，苏联提供的2.5亿美元贷款，中方实际只用了1.7亿美元。

③　М. И. Сладковский: История торгово-экономических отношений СССР с Китаем (1917-1974), М., 1977 стр. 138.

军事顾问和作战人员。中国军队除最高统帅部有苏联总顾问外，各军种和战区都有苏联顾问服务。1939年，苏联先后在华的军事顾问达300多人。从1937年年底，苏联还向中国派遣空军志愿队，直接参加对日作战。1937年—1941年，苏联空军志愿队击落和击毁日军飞机539架，[①] 许多飞行员为中国人民的解放事业献出了年轻的生命。

1945年9月6日和8日，日本遭受美国两次原子弹轰炸后，已是强弩之末。8日，苏联宣布对日宣战；9日零时，150万苏联红军分四路越过中苏、中蒙边境，以泰山压顶之势，横扫日本关东军。苏联参战加快了日本无条件投降的进程，使东北人民早日从日本法西斯统治下解放出来。

此外，苏联红军占领东北，为中共领导的武装力量迅速出关抢占先机，为其在东北发展壮大创造了非常有利的条件。东北民主联军[②] 获得苏联红军从日本关东军手中缴获的武器，如虎添翼，迅速发展成为人民解放军中一支最强的劲旅。与此同时，整个东北变成了支援全国解放战争的大后方和根据地。

综上所述，无论在中国的抗日战争中，还是以后的解放战争中，苏联都做出了重大贡献。对于这一切，中国人民至今记忆犹新，对俄罗斯人民充满感激之情。

## 二

抗日战争时期的中苏关系历史，无论是正面的经验，还是反面的教训，都给后人留下很多启示。这里，仅从推动当前中俄战略协作伙伴关系发展的角度，谈及三点。

第一，中俄作为两个相邻大国，双方的安全是相互的、不可分割的。1929年7月，中国东北边防军司令张学良在南京国民政府鼓励下，以武力强行收回苏联控制的中东铁路管理权，导致中苏关系紧

---

① 《苏联空军志愿队与中国空军—击落击毁敌机总计一览表 1937年8月—1945年7月》，见李嘉谷编：《中苏国家关系史资料汇编 1933—1945》，中国社会科学出版社1997年版，第198页。

② 后称"中国人民解放军第四野战军"，即"四野"。

张和外交关系中断。9月—11月，苏联红军越过边界，对中国东北军进行所谓"惩罚性"打击。战争持续两个月，结果东北军大败，损失惨重。中东路战争给日本军国主义至少提供以下三点暗示：1. 由于中苏交恶，日本对中国发动侵略，苏联不会伸手相助；2. 中东路战争后，东北军实力大大削弱，不堪一击；3. 南京政府忙于在江西围剿工农红军，无暇顾及东北。就是在这样的背景下，日本于1931年发动了"九一八事变"，并在短时间内吞并整个东北。现在回过头来看，如果没有中东路战争，没有中苏关系的破裂，日本未必敢于发动"九一八"事变，20世纪30年代满洲的局面会是另一个样子。日本侵占中国东北，结果是唇亡齿寒，苏联在远东失去了战略缓冲区，完全暴露在日本直接的军事威胁之下。1936年11月，德国和日本签订《反共产国际协定》，矛头指向苏联。与此同时，日本积极策划把苏联乌苏里江以东地区并入"满洲国"，进而建立一个从贝加尔湖到远东的缓冲国。[1]日本要发动对苏联的战争，必须稳住中国这一后方，为此曾经提议，以承认中国政府在华北的主权，换取中国同日本缔结反苏军事协定。但是，这一建议遭到中国政府拒绝。[2]斯大林深知中国抗日战争对苏联国家安全的意义。1939年9月，他对即将赴任中国军事总顾问的崔可夫将军说："我们驻华全体人员的任务就是紧紧束缚日本侵略者的手脚。只有当日本侵略者的手脚被捆住的时候，我们才能在德国侵略者进攻我们的时候，避免两线作战"。[3]第二次世界大战期间，正是由于中国人民的艰苦抗战，牵制了日本陆军的主力，才使苏联避免了东西两线作战的危险。整个第二次世界大战期间，中国一直是苏联远东的战略屏障。从这个意义上说，中国也援助了苏联。

在新的历史时期，中俄作为战略伙伴，携手合作，建立共同安全、相互安全。两国彻底解决了历史遗留的边界问题，通过边境地

---

① О. Борисов (Рахманин), Советский Союз и маньчжурская революционная база, издательство Мысль, 1977, стр.46.

② 薛衔天、金东吉:《民国时期中苏关系》(中)，中共党史出版社2009年版，第67页。

③ 崔可夫:《在华使命——一个军事顾问的笔记》，新华出版社1980年版，第36页。

区裁军和建立信任措施，实现了两国边境的透明化和非军事化。中俄互为战略屏障和战略后方，这既是时代的呼唤，也是历史的启迪。20世纪50年代中苏结盟时，曾有一个响彻中国的口号："中苏同盟，无敌于天下"。今天也可以满怀信心地说："中俄战略协作"不仅是两国安全的重要保障，而且是欧亚大陆和平与稳定的基石。

第二，中俄作为邻国，只有相互尊重彼此国家的核心利益，两国关系才能得到健康的发展。主权和领土是一个国家最重要的"核心利益"，一旦这个核心利益受到损害，国家关系的基础就必然遭到破坏。在中国人民反抗日本侵略的困难时期，斯大林不止一次地做了损害中国主权和领土完整的事。如前所述，在抗日战争前半期，苏联曾是唯一援助中国的世界大国，但是到了1941年4月13日，苏联突然与日本签订《中立条约》。根据这个条约，苏联不仅停止了对华援助，而且与日本发表声明："苏联誓言尊重满洲国的领土完整和不可侵犯，日本誓言尊重蒙古人民共和国的领土完整和不可侵犯。"社会主义的苏联突然变脸，与日本法西斯拿中国的主权和领土完整做交易，这对处于困境的中国人民是一个极大的打击。苏日《中立条约》的签订迫使在战争期间一直奉行亲苏路线的民国政府不得不转向美英寻求援助，这对中国国内的局势和战后远东国际关系都产生了重大影响。

抗日战争期间，对中国主权和领土完整损害之大莫过于1945年2月11日英、美、苏三大国背着中国政府签署的《雅尔塔协定》以及同年8月14日在这个协定基础上签署的《中苏友好同盟条约》。中国作为亚洲的主战场，是战胜国，但是战争胜利了，按照《雅尔达协定》，1. 外蒙古从中国独立出去。[①] 2. 苏联恢复1904年日俄战争前沙皇俄国在中国东北的权益，即：大连商港国际化，保证苏联的优先权；苏联租用旅顺港为海军基地；中东铁路和南满铁路由中苏"共同经营"。好在是，在中国革命胜利前夕，斯大林承认《中苏友好同盟条约》

---

① 斯大林解释苏联需要外蒙古独立的原因是：为了保卫西伯利亚大铁路，苏联需要在独立的蒙古长期驻军。

是不平等条约，[①] 并于1950年2月通过与新中国签订《中苏友好同盟互助条约》，纠正了这些不平等的做法（除外蒙古以外）。尽管如此，《雅尔塔协定》在全体中国人的心中，无论国民党人还是共产党人，都留下了巨大的伤痛。20世纪60年代中苏大论战时，中共领导人谈到两党分歧的由来时，常常把《雅尔塔协定》作为开端。1989年5月19日邓小平在会见戈尔巴乔夫谈到中国人有"屈辱感"时，仍然提到《雅尔塔协定》。由此可见，在国与国的关系中，一旦一方损害了另一方的主权和领土完整，将给两国关系带来多么严重的后果。在新的历史时期，中俄两国都非常注意尊重对方的国家核心利益，并把"在涉及对方主权、领土完整、安全等核心利益问题上相互坚定支持"[②] 作为两国战略协作伙伴关系的基础。中俄关系之所以发展得这样顺利，而且越来越好，正是因为双方都严格遵守和执行了这一原则。

第三，相互尊重和平等应是中俄关系健康发展的前提。实践证明，任何一方如果凭借自己的实力优势以势压人，企图把自己的意志强加给对方，都会破坏两国关系的基础。中俄关系史上这样的例子很多，这里不妨引一段1945年7月中苏谈判缔结《中苏友好同盟条约》时斯大林与蒋经国的一段对话：

斯大林："你们对外蒙古为什么坚持不让它独立？"

蒋经国："您应当谅解，我们中国八年抗战，就是为了要把失土收复回来，今天日本还没有赶走，东北、台湾还没有收回，一切失地都在敌人手中，反而把这样大的一块土地割让出去，岂不失却了抗战的本意？我们的国民一定不会原谅我们，会说我们'出卖国土'。在这样情形之下，国民一定会起来反对政府，那我们就无法支持抗战。所以，我们不能同意外蒙古归并给俄国。"

---

① 1949年1月底到2月初，联共（布）中央政治局委员米高扬秘密访问中共中央所在地西柏坡时，代表斯大林向中共领导人表示，《中苏友好同盟条约》是不平等条约。7月，刘少奇访问莫斯科时，斯大林又一次表达了这样的意思。

② 《中华人民共和国与俄罗斯联邦关于全面战略协作伙伴关系新阶段的联合声明》，《人民日报》2014年5月21日，第2版。

斯大林："你的话很有道理，不过，你要知道，今天并不是我要你来帮忙，而是你要我来帮忙。如果你本国有力量，自己可以打日本，我自然不会提出要求。今天，你没有这个力量，还要讲这些话，就等于废话。"

笔者相信，所有的中国人读了这一段对话，心里都会很难过。

20世纪，中苏两次结盟，两次关系破裂，反目成仇，其重要原因就在于相互尊重和平等的原则遭到了破坏。邓小平在总结中苏关系的历史时说，"真正的实质问题是不平等，中国人感到受屈辱。"70年后的今天，人们从这样的历史中应该吸取什么样的教训呢？看来，还是应该回归到那句老话：国家不论大小强弱，一律平等。中俄作为两个相邻的国家，今后不管双方力量对比发生什么样的变化，对方伙伴是贫穷还是富有，是衰弱还是强盛，都要相互尊重，以平等的态度对待之。目前，中俄关系进入了历史上最好时期，两国关系成为世界大国关系的典范，这是因为两国都严格遵循了相互尊重和平等的原则，在相互交往中，谁也没有屈辱感。

在纪念第二次世界大战胜利70周年之际，抚今追昔，总结历史经验和教训，我们应该更有信心把中俄战略协作伙伴关系继续推向前进。

（2015年8月12日）

# 中国和苏联是击败德日法西斯的
# 中坚力量

郭宪纲[①]

与人类历史上任何战争相比，第二次世界大战是最激烈的战争，规模空前，时间漫长，战火遍及亚洲、欧洲、非洲、大洋洲，有80多个国家和地区、约20亿人口卷入。所面临的敌人德国法西斯和日本军国主义是人类历史上最凶残的，它们掌握着庞大的杀人机器，灭绝人性，毫无信誉，不宣而战，大量屠杀手无寸铁的平民，进行种族灭绝。

在亚洲，1931年，日本军国主义策划"九一八"事变，占领中国东北三省。1937年，日本军国主义制造卢沟桥事变，全面进攻中国。在欧洲，1941年6月，德国法西斯在占领了包括法国在内的欧洲14个国家后对苏联发动闪电战，企图在三个月内征服苏联，进而与日本军国主义共同奴役世界。其野心和狂妄，在人类历史上实属罕见。

在人类文明面临毁灭的紧要关头，以苏联、中国、美国、英国为主的同盟国与德日法西斯进行了殊死的反法西斯战争，最终击败了凶残的敌人，取得了世界反法西斯战争的伟大胜利。在这场关系到人类命运的大决战中，各国人民团结奋战、英勇抗敌，都做出了各自的贡献。其中，苏联和中国人民挺身而出，肩负起了抗击凶顽的重任，付出最多，贡献最大，是同盟国的中坚力量。如若没有苏联人民和中国人民的顽强抗战，人类将遭受最严重的浩劫，所创造

---

① 郭宪纲：中国国际问题研究院副院长、研究员。

的文明将万劫不复。

## 一、苏联和中国的中流砥柱作用

从参战时间上看：法国失败后，英国军队退居英伦三岛，美国初期中立，只向同盟国提供物资援助。1941年12月日本偷袭珍珠港后美国虽然参加对日作战，但开辟对德国法西斯第二战场的时间已是1944年6月德国败局已定之际。英国在第二战场开辟前主要在北非、南欧等次战场与德国作战。而中国和苏联则参战最长。中国从1931年日本军国主义占领东北三省后就开始了抗日斗争，1937年卢沟桥事变后开始八年正式抗战，到1945年日本投降，共经历了14年的浴血奋战；苏联从1941年6月开始英勇反击德国法西斯，直到1945年德国法西斯投降后，进行了四年多的卫国战争。也就是说，中国和苏联自始至终都在与德日法西斯进行殊死的战争。

从战争的地域上看：二战的主战场自始至终是在苏联和中国。德日法西斯军队的铁蹄始终未踏上美国和英国本土，法国只支撑了六个星期，其他欧洲国家在几天内便被德国法西斯占领。当然，西方在二战中的作用也很重要，但主要是在外围打击德、意、日法西斯，后期开辟对法西斯作战的第二战场和对苏联、中国进行物资和道义上的援助。

从战争进程和效果来看：在欧洲战场，苏联红军经受住了德国法西斯的闪电战重击，开始了英勇的反击，以钢铁般的意志和无所畏惧的气概，浴血奋战，付出了巨大的民族牺牲，为世界反法西斯战争的胜利建立了不可磨灭的历史功勋。在斯大林格勒保卫战中，英勇的苏联红军消灭了德军33万，成为第二次世界大战的转折点。从此苏联红军越战越勇，先后进行了六次最重要的战役，即莫斯科会战、列宁格勒会战、斯大林格勒会战、库尔斯克会战、第聂伯河会战和强攻柏林，彻底消灭了希特勒法西斯军队的主力，最终取得了卫国战争的伟大胜利。可以说，正是苏联人民在战争中牵制和消灭了德国法西斯军队的有生力量，才使西方盟军顺利地开辟了第二战场。没有英勇的苏联红军，就没有反法西斯战争的胜利。苏军共歼灭德军607个师，西方盟军只歼灭了德军176个师。战争期间，西方盟军实施的包括诺曼底登陆在内的各大战役规模很大，但均无法与苏德战争相提并论。在库尔斯克会战中，苏德双方共有1.3万辆坦克投入交战，是世界战争史上规模最大的坦克交战。在第聂伯河会战中，苏军共动用了400多万人，从2000多公里的战线上全面出击。

在亚洲战场，1931年日本军国主义占领东北三省后，中国共产党在东北发动民众抗日，建立起4万多人的抗日联军，对日本军国主义进行游击战。1937年7月7日，日本法西斯策划了卢沟桥事变，突然进攻中国。中国人民拉开了全国抗战的序幕奋起抗击，正式开战比欧洲战场早两年。在八年抗战中，中国人民进行了艰苦卓绝的战斗，在本土牵制了日本一半以上的兵力，据统计，中国战场牵制的日本陆军部队在1939年占其总兵力的83%，1940年为78%，1941年为70%。八年抗战中共歼灭日军155万余人，连同局部抗战期间东北人民歼灭的17万日寇，共172万余人，接受日军投降128万余人，中国战场共消耗(毙、伤、降)日军事力量300万余人，占日军在二战中军队伤亡人数的75%以上。

中国不仅在本土抗战，而且还出兵缅甸与日本军队作战。1942年春、1943年11月—1945年3月，中国抽调精锐部队，组建远征军，两度入缅，与英美盟军配合作战，创下了辉煌战绩。第一次赴缅作战中，中国先后派出10万人部队，取得了一系列胜利，多次为英军解围，救出了包括英缅军总司令亚历山大在内的7000余名英军。第二次赴缅作战中，大获全胜，击毙日军4.8万余人。此战被美国史迪威将军赞为"中国历史上对第一流敌人的第一次持久进攻战"。中国出兵缅甸，挽救了盟军在东南亚的危局，成功地粉碎了德日法西斯将欧亚战场连成一片的企图。

在中国敌后战场，从1931年到1945年日本投降前，在中国共产党领导下，中国解放区军民经过数以万计的战斗，积聚了力量，从1944年春已开始发动局部战略反攻，到抗战结束时建立了19块大片的根据地，将日寇逐渐压缩到以大城市、铁路线和据点为中心的狭小的区域。

## 二、中国和苏联反法西斯斗争特点的异同

中国和苏联人民都为二战做出了巨大的贡献，但由于两国国情不同，在反法西斯战争中各有特点。两国的共同点有：

第一，牺牲巨大。由于中国是亚洲的主战场，中国人民在这场战争中付出了巨大的民族牺牲。中国军民伤亡总数在3500万人以上，直接经济损失超过1000亿美元，间接经济损失5000亿美元。同样，苏联是欧洲的主战场，为赢得这场战争，苏联人民遭受了惨重的伤亡。据统计，苏联共有2700万人死亡，其中1800多万为平民，几乎每个家庭都有人员伤亡。战争还给苏联带来了巨大的物质损失。苏联共有1710座城市、7万多个村镇和31850个工业企业全部或部分被毁。

第二，意志坚强。面对凶残的敌人，中国人民和苏联人民表现出了坚强的意志和不怕牺牲的精神。中国人民虽然武器简陋，但面对强敌敢于亮剑，涌现出大批英雄，在全世界人民面前树立了一个以弱胜强的光辉范例，鼓舞了被压迫、遭侵略的民族进行解放战争的信心和勇气；苏联人民在斯大林格勒保卫战中逐屋逐街地与敌人战斗和视死如归的气势惊天地、泣鬼神。没有这种精神和意志，不可能战胜人类有史以来如此凶残的敌人。

两国的不同特点：由于苏联经济基础雄厚、政治上统一，而中国经济基础薄弱、政治上分散，两国的反法西斯战争呈现出不同特点：

第一，中国抗击日本法西斯的时间是苏联的3倍多，达14年之久，是持久战。这是由于中国工业落后、军备水平低所造成的。相反，日本当时已跻身于西方工业强国之列，武器先进。同时，中国自鸦片战争后长期陷入内乱，分散了力量，国力下滑，积贫积弱；而日本在明治维新后，政治上统一，倾举国之力发动对外战争。中口国力相差悬殊，战争必然是长期的。

苏联国力与德国相比，则旗鼓相当。从工业实力上看，苏联在

战前争分夺秒，完成了工业化进程，战争爆发后迅速将生产基地转移到乌拉尔山脉以东地区，源源不断生产出先进的武器装备，运往战场。德国工业基础也十分雄厚，但国土面积和人口远比不上苏联。此外，苏联体制稳固，全国上下齐心协力。德国内部存在反对希特勒的力量，削弱了德国法西斯。因此，相比中国，苏联在较短的时间内能够打败德国法西斯。

第二，苏联以正规战为主，中国以游击战与正规战相结合。由于苏联工业实力强，军队现代化水平高，与德国军队不相上下，因此，通过正规战来打击侵略者，早日解放国土。中国由于军事力量与日本差距大，武器装备、训练远不如日本，基本上没有制空权，完全依靠正规战无法取胜，因而采取正规战与游击战相结合的战略。

## 三、中国和苏联人民相互支援，共同对敌

为了实现瓜分世界、称霸全球的图谋，德、意、日三国在政治、军事和技术情报上紧密合作。德国1941年发动侵苏战争后，苏联西线战事吃紧。希特勒不断敦促日本在远东对苏动手，而日本则希望希特勒打败苏联后与日本共同统治欧亚大陆。然而这是黄粱美梦。中国和苏联，一个在亚洲，一个在欧洲，分别与两个最凶残的敌人进行坚苦卓绝的战争，打碎了德日法西斯的狂想，为拯救人类和世界付出了巨大的代价，两国人民相互支持，结下了深厚的友谊。

苏联对中国的援助方式：一是向中国输送武器装备。1937年—1941年，苏联克服自身装备短缺的困难，向中国提供了1000多架飞机、1000门火炮、1万挺机枪。二是派空军直接参加保卫中国的战斗。苏联共派出2500多名飞行员和数千名军事教官，许多人血染中国沙场。三是在击垮德国法西斯后，马不停蹄地转向对日本法西斯作战，消灭了几十万关东军，为中国取得抗日战争的最后胜利做出了重要贡献。

中国人民则以巨大的民族牺牲为世界反法西斯战争做出了不可磨灭的贡献，长期牵制和抗击了日本军国主义的主要兵力，拖住日

本主力，直接减轻了苏联在东线面临的压力，避免了受到东西两面夹击的局面，为苏联专心抗击德国法西斯、取得最终胜利创造了条件。本来，日本占领中国东北后计划北进侵略苏联，但由于中国在东北4.5万人的抗日联军对日军的牵制，以及1937年后八年全国抗战，极大消耗和削弱了日本，牵制了日本大部分陆军和大量海军，分割了德日法西斯力量，使日军不能轻易冒险北攻或南下，使日本军国主义始终未能发动大规模侵略苏联的战争。正如日本历史学家信夫清三郎所说的："关东军迫于讨伐，致使本来的准备对苏联的战略体制，始终未能取得进展。"抗战时期曾担任苏联驻华最高军事顾问的崔可夫元帅在其回忆录《在华使命》中说："在我们最艰苦的战争年代，日本没有进攻苏联，却把中国淹没在血泊中。稍微尊重客观事实的人，都不能不考虑到这一明显而又无可争辩的事实。"

70年后，我们回顾历史，为的是避免人类再遭劫难。当前，日本右翼势力挑战人类的良心底线，掀起了否定二战中日本侵略的性质、架空日本和平宪法的恶浪。欧洲新法西斯主义也有抬头的迹象，他们逆历史而动，为法西斯招魂复仇，否认二战的反法西斯性质。对此，人类社会决不可掉以轻心，必须牢记历史教训，加强合作，维护二战胜利果实，防止历史悲剧重演。

# Новый 12-томный труд «Великая Отечественная война 1941–1945 годов» о роли СССР в разгроме Германии и достижении победы над Японией

## В. Зимонин [①]

В России ко Дню Великой Победы завершена публикация фундаментального 12-томного труда «Великая Отечественная война 1941–1945 годов».

Разработка труда осуществлена в соответствии с Распоряжением Президента Российской Федерации от 5 мая 2008 г. под руководством назначенной им Главной редакционной комиссии (ГРК) во главе с министром обороны России. Заместителем председателя ГРК — научным руководителем труда является известный российский ученый доктор исторических и юридических наук, профессор действительный государственный советник Российской Федерации первого класса генерал-майор В. А. Золотарев.

Мне как заместителю научного руководителя этого президентского проекта уже приходилось делать презентацию труда перед участниками проведенной 5-6 мая сего года в Москве российско-китайской конференции, посвященной 70-летию Победы и вручить комплект 12-томника большой китайской делегации во главе с председателем Общества китайско-советской дружбы Чень Юанем. Презентация труда в Пекине состоится в сентябре в дни торжеств по поводу юбилея

---

① В. Зимонин: главный научный сотрудник Института Дальнего Востока РАН и профессор Военного Университета МО РФ, доктор исторических наук, профессор.

окончания Второй мировой войны, в которых примет участие большая российская делегация во главе с Президентом Российской Федерации В.В. Путиным.

Тема моего доклада требует от меня постоянного обращения к 12-томнику, а он содержит около 10 тысяч страниц крупного формата. Поэтому я заранее извиняюсь за то, что буду вынужден говорить тезисно, а некоторую информацию давать через слайды, текст в которых любезно согласились перевести на китайский язык проходящие в Москве курс регионоведения китайские магистранты Университета Шанхайской Организации Сотрудничества.

Но сначала кратко в целом о труде:

К работе над фундаментальным трудом были привлечены лучшие специалисты из десяти ведомств, ученые семи академических институтов РАН, профессорско-преподавательский состав восьми военных и гражданских вузов. В томах представлены документы и материалы 50 отечественных и зарубежных архивов, многие из которых опубликованы впервые.

Степень научной важности и общественной значимости разработки нового труда по истории Великой Отечественной войны, переоценить невозможно. Необходимость нового труда о войне предопределена и невиданно поднявшейся в последние годы волной фальсификаций и извращений ее истории, в том числе на постсоветском пространстве.

Поднимают голову бандеровцы в Украине. Гремят парады эсэсовцев в Прибалтике. Япония все более откровенно отходит от положений 9-й статьи мирной Конституции. Наращиваются попытки обвинить СССР в совиновности в развязывании мировой войны, принизить вклад СССР в общую победу.

Авторы 12-томника в историографических главах и всем содержанием томов дают, поэтому, твердый, аргументированный отпор фальсификаторам. Кто бы и что не говорил, факты свидетельствуют: Великая Отечественная война явилась решающей частью и главным содержанием Второй мировой войны, определила ее ход и исход.

Особой гордостью для россиян является то, что победные точки в этой войне на западе и востоке Евразии поставили воины Вооруженных Сил СССР.

Структура труда отличается от ранее издававшихся в нашей стране многотомных изданий о минувшей войне.

1-й том – обзорный, отражающий концепцию и содержание всего труда.

Следующие 4 тома – о собственно военных действиях на советских фронтах войны с Германией и Японией, но в тесной увязке с действиями союзников на других фронтах Второй мировой войны.

Остальные тома – посвящены рассмотрению ряда проблемных вопросов, решавшихся руководством СССР и военным командованием на протяжении всей Великой Отечественной войны – экономике войны, дипломатии, деятельности спецслужб и т.д. Практически в каждом томе рассматриваются события на Азиатско-Тихоокеанском театре Второй мировой войны, влияние японского военного фактора на политику и стратегию СССР. Особое место среди них занимает 9-й том «Союзники СССР в войне», посвященный анализу места и роли в достижении общей победы других членов антифашистской коалиции, в том числе Китая.

Сознавая масштабность издания, авторские коллективы взяли на вооружение принцип широкого комплексного подхода к освещению событий кануна, хода и исхода Великой Отечественной войны, предполагающего раскрытие собственно военной, а также экономической, политической, дипломатической, социальной, духовной, личностной и других составляющих этого сложного исторического явления, что отражено в содержании и в названиях томов.

Большое внимание уделено в труде, особенно во втором томе, предыстории нападения Германии на нашу страну и наиболее детально – первым трем месяцам войны, то есть до 30 сентября 1941 г. Это был наиболее критический период, который определил весь дальнейший ход и исход войны. Страна, народ должны были выстоять или погибнуть. Именно на это был нацелен гитлеровский план геноцида «Ост», реализация которого привела к гибели почти 27 миллионов человек. Однако, несмотря на то, что именно гитлеровская Германия принесла наибольшие страдания народам Европы и в первую очередь советскому народу, авторы труда при оценке событий предвоенного периода смогли отойти от доминировавшего ранее в европейской (да и в отечественной) научной литературе европоцентричного подхода, заключающегося в том, что главным виновником развязывания мировой войны была Германия. Примененный авторами комплексный евразийский подход к анализу причин Второй мировой войны указывает на то, что первые очаги будущего мирового пожара появились еще до прихода Гитлера к власти. Их разожгла Япония в Китае в самом начале 1930-х годов, захватив Маньчжурию, а затем и провинции Жэхе и Чахар. Она же первой из агрессивных держав начала и масштабные военные действия, развязав 7 июля 1937 г. тотальную войну в Китае. И немалая вина за такое развитие событий лежит на странах Запада. Следует подчеркнуть, что в Японии до сих пор по сути 14-летнюю войну против Китая официально называют «инцидентом». Более постыдного отношения к войне геноцида, унесшей жизни 37 млн китайцев, история не знает.

Необходимость дать отпор японской агрессии привела к созданию в Китае Единого национального фронта, поддержанного Коминтерном и Советским Союзом. Среди великих держав только Советский Союз оказал Китаю поддержку, заключив с ним 21 августа 1937 г. Договор о ненападении. СССР оказал китайскому народу прямую материальную и финансовую помощь. Советской боевой техникой и оружием были оснащены ставшие самыми боеспособными 40 из 246 дивизий армии Гоминьдана, в Китай были направлены тысячи военных советников, летчиков и технических специалистов.

Советская помощь позволила развернуть активные действия вооруженных формирований Китая против агрессора, в том числе провести восками Компартии Китая весьма успешную «Битву 100 полков», принесшую, однако, неоднозначные результаты, подорвавшие устои Единого фронта.

Войска КПК насчитывали к началу битвы около 400 000 человек или 115 полков. Второй этап операции начался 20 сентября, третий-6 октября 1940 г. Были выведены из строя более 20 тыс. вражеских солдат и офицеров, освобождена от противника территория с населением более 5 млн человек, уничтожены около 600 миль железнодорожного полотна, сотни мостов и туннелей, а также крупная угольная шахта, имевшие важное значение для японского военно-экономического потенциала.

После «Битвы ста полков» японское командование усилило военные операции против Освобожденных районов. «Битва ста полков», проведенная без согласования с Чан Кайши и его генеральным штабом, насторожила и Чан Кайши, который решил, что войска КПК стремятся захватить территорию Северного Китая и закрепить ее за собой, не допуская туда вооруженные силы и администрацию центрального правительства. В результате Единый фронт вступил в кризис.

Авторы тома убедительно показали с учетом японского военного фактора (а события у оз. Хасан и монгольской реки Халхин-гол свидетельствовали о том, что главной угрозой для СССР в то время была именно Япония) в целом правильность и оказания массированной помощи Китаю, и решительного военного отпора дальневосточному агрессору, и в то же время гибкого политического курса советского руководства, включая и вынужденное в тех условиях с учетом срыва Западом совместных усилий по противодействию агрессивным устремлениям Германии подписание им 23 августа 1939 г. Договора о ненападении с Германией. Это позволило Советскому Союзу отодвинуть свою европейскую границу на запад, обеспечить более полутора лет для укрепления боеспособности страны, а также внести разлад в отношения между главными агрессорами-Японией и Германией, что привело к заключению Пакта о нейтралитете с Японией и, в конце концов, к повороту японской агрессии на Юг, что избавило

СССР от непосредственной угрозы открытия второго фронта на Востоке и смягчило обстановку в Китае.

Не могла не подталкивать Москву к подписанию договора с Германией и так называемая «мюнхенская» политика стран Запада, направленная на поощрение агрессоров к нападению на СССР, которая была опробована ими на востоке Евразии, когда в жертву этой политике были отданы народы Катая и Монголии, а затем была применена и в центре Европы, что привело к уничтожению Чехословакии, в котором участвовали и крайне враждебная СССР Польша и Венгрия. Милитаристская Япония и нацистская Германия были в то время для т.н. западных «демократий» более привлекательными, чем коммунистический Советский Союз.

В третьем и четвертом томах, названия которых («Битвы и сражения, изменившие ход войны» и «Освобождение территории СССР. 1944 год») говорят сами за себя, авторы дают анализ событий, происходивших с 30 сентября 1941 г. по конец 1944 г., переломивших ход не только Великой Отечественной, но всей Второй мировой войны. Это Московская, Сталинградская, Курская битвы, битвы за Ленинград, Кавказ, Днепр. Они привели к разгрому крупных стратегических группировок врага и достижению Советским Союзом значительных политических и стратегических результатов.

В Московской битве рухнули надежды Гитлера на блицкриг. В оборонительных сражениях советские войска измотали противника, а в ходе контрнаступления отбросили его от стен Москвы.

Срыв блицкрига сыграл решающую роль в отказе Японии от планов вступить в войну против СССР, если бы он, «подобно перезревшей хурме, был готов сам упасть к ее ногам».

На Западе любят говорить о том, что немцев под Москвой победил «генерал Мороз». По этой логике под Сталинградом немцев громил тоже «генерал Мороз», а под Курском в разгар лета, видимо, «генерал Жара». Что сказать по этому поводу? Ну, во-первых, мороз и жара в одинаковой мере воздействовали на обе стороны. А если уж идешь с войной против такой державы, как Россия, то история учит – нужно знать всех ее генералов: и «генерала Мороза», и генералов Г.К. Жукова и А.М. Василевского, сумевших разбить хваленых гитлеровских генералов.

Особую роль в судьбах войны, безусловно, сыграли Сталинградская и Курская битвы. Разгром под Сталинградом лишил вермахт возможности прорваться на Кавказ и далее встретиться с прорывавшимися в Индию японскими войсками с тем, чтобы поделить Евразию по меридиану 70-го градуса (а это Омск, Исламабад), а затем и весь мир. Японский военный атташе сидел в штабе фельдмаршала Ф. Паулюса в готовности дать радостный сигнал Токио. Но надеждам агрессоров не суждено было сбыться. В результате начатого 19 ноября 1942 г. советскими войсками мощного контрнаступления 300-тысячная группировка фельдмаршала Ф. Паулюса была окружена и принуждена к капитуляции. В ходе битвы фашистский блок потерял четвёртую часть сил, действовавших на советско-германском фронте. Общие потери врага убитыми, ранеными, пленными и пропавшими без вести составили около 1,5 млн человек, в связи с чем в Германии впервые за годы войны был объявлен национальный траур. Результаты Сталинградской битвы привели к коренному перелому не только в Великой Отечественной, но и во Второй мировой войны в целом. После катастрофы под Курском, где немцы потеряли свыше 0,5 млн солдат и офицеров, Германия уже была не в состоянии провести ни одной успешной стратегической наступательной операции.

События 1944 г., главным содержанием которых была серия масштабных стратегических операций советских войск (10 сталинских ударов), раскрытые в четвертом томе, носили необратимый характер и привели к полному освобождению территории Советского Союза от оккупантов и выходу на рубеж, а в ряде мест и за пределы государственной границы СССР. В томе представлены неоспоримые достижения советского военного искусства, обобщены результаты боевых действий на западном стратегическом направлении, дан критический анализ богатого опыта подготовки и проведения операций Красной Армии.

Успехи советских войск позволили союзникам накопить силы и перейти к более активным действиям как на Азиатско-Тихоокеанском театре войны, так и понудили их к открытию после двухлетних проволочек второго фронта 6 июня 1944 г.

Перед авторским коллективом пятого тома («Победный финал. Завершающие операции Великой Отечественной войны. Война с Японией)», который я имел честь возглавлять, была поставлена сложная задача: раскрыть содержание, формы и методы осуществления Советским Союзом и его Вооруженными Силами освободительной миссии в 11 странах Европы и двух странах Азии, их роль в разгроме войск агрессоров на захваченных и их собственных территориях, вклад в уничтожение нацистского режима в Германии, в разгром милитаристской Японии, войну с которой мы считаем логическим продолжением ВОВ, хотя она и началась через три месяца после капитуляции Германии.

Роль СССР в разгроме Германии и ее сателлитов переоценить невозможно. На советско-германском фронте агрессор понес более 75 % всех его потерь в личном составе и вооружениях.

В ночь с 8 на 9 мая 1945 г. в пригороде Берлина Карлсхорсте под председательством Маршала Советского Союза Г.К. Жукова состоялось подписание Акта о безоговорочной капитуляции Германии перед союзниками по антигитлеровской коалиции. Завершение военных операций в Европе, однако, не означало окончания Второй мировой войны.

На Дальнем Востоке и Тихом океане продолжала упорную борьбу против США, Великобритании, Китая и их союзников в Азиатско-Тихоокеанском регионе Япония.

Союзникам удалось изгнать японские войска со значительной части территорий, которые они захватили в начале войны. Общими усилиями союзники заставили Японию отойти на «внутреннюю линию обороны» в зоне Тихого океана, но периметр ее был еще огромен.

Серьезные поражения японского флота в ряде морских боев и сражений с американским флотом и выход американских вооруженных сил на ближние подступы к метрополии Японии не создали, однако, условий для их перехода в решительное наступление. Морская блокада и бомбардировки японских городов, предпринятые американцами, явно не давали скорого эффекта. Для доведения Японии до полного истощения требовались огромные силы, средства и длительное время. К тому же с началом массированных бомбардировок японцы стали рассредоточивать свою промышленность, строить подземные заводы, усиливать противовоздушную и береговую оборону. В этих условиях планы принудить Японию к капитуляции действиями только флота и авиации, которых ранее придерживалось практически все политическое и военное руководство США, в том числе президент, были признаны нереальными. квалифицированы как «стратегия ограниченных целей», и им была отведена лишь вспомогательная роль. «Эта стратегия,- говорилось в документе ОКНШ, -не дает гарантий в том, что она приведет к безоговорочной капитуляции или разгрому».[1]

Япония по-прежнему не помышляла о безоговорочном прекращении военных действий и, продолжая сопротивление силами пяти стратегических группировок,[2] развернула подготовку для решительного отпора американо-британскому наступлению непосредственно на Японских островах, а также к упорной обороне в Корее и на северо-востоке Китая.

Японская армия была в состоянии затянуть войну против Китая, США и Великобритании на длительный срок. К августу 1945 г. вооруженные силы Японии насчитывали более 7 млн человек, в том числе на собственно Японских островах 3,7 млн войск и сил флота,

---

① The Entry of the Soviet Union into the War Against Japan: Military Plans. 1941–1945. Wash., 1955. P. 63.

② *Хаттори Т.* Япония в войне 1941–1945 / Сокр. пер. с яп. М., 1973. С. 538.

против около 2,5 млн войск и сил союзников. Кроме того, у Японии имелась возможность мобилизовать в действующую армию еще 1,5 млн человек, создавались многомиллионное ополчение, армия смертников.

По оценкам союзников, война на Востоке могла затянуться в целом еще на 1,5-2 года (более того, главнокомандующий вооруженными силами союзников в войне против Японии Д. Макартур, исходя из своего опыта (поражение на Филиппинах в 1942 г., а также жестоких боев за острова Окинава и Тарава), считал, что без участия СССР японское сопротивление может продлиться 5–7 лет), и это унесло бы с собой жизни по крайней мере 1,5 млн солдат и офицеров американской и британской армий, а также около 10 млн жизней японцев.[①] Этим далеко не исчерпывалось число бед, которые несла бы война народам Азиатско-Тихоокеанского региона, в том числе Китая, в случае ее продолжения.

Позиция Китая по вопросам определения перспектив войны против Японии была аналогичной. Согласно меморандуму Чан Кайши, лишь в ноябре 1944 г. – мае 1945 г. были возможны операции по освобождению Кантона и Гонконга; в мае – ноябре 1945 г.-бомбардировки Тайваня; в ноябре 1945 г. – наступление на Шанхай. Вторжение же на территорию собственно Японии считалось возможным только после 1947 г.[②]

В войне на Тихом океане создавалась явно тупиковая ситуация, при которой ни та, ни другая воюющие стороны не находили, опираясь только на участвовавшие в вооруженной борьбе в то время силы, быстрого, не связанного с огромными потерями и эффективного решения, ведущего к окончанию военных действий.

Именно поэтому военный министр США Г. Стимсон в

---

① Relations with China: Reference to the Period 1944–1945. Wash., 1949. P. VIII; The Japan Times. 1984. August 15, *Stimson II., Bundy M.* On Active Service in Peace and War. N.Y., 1948. P. 619; *Churchill W.* The Second World War. Vol. 6. N.Y., 1974. P. 545; *Зимонин В.П.* Принуждение агрессора к миру: Советский Союз и победная точка во Второй мировой войне. М., 2011. С. 108.

② Foreign Relations of the U.S. Diplomatic Papers (далее – FRUS): The Conferences at Cairo and Tehran, 1943. Wash., 1961. P. 370–371.

меморандуме на имя президента Г. Трумэна от 2 июля 1945 г., содержавшем тщательную оценку ситуации на тот период времени, предлагал изыскать способ принудить японские вооруженные силы к капитуляции, не прибегая к насильственной оккупации собственно Японии.[①] По мнению многих военных авторитетов союзников, заставить японцев капитулировать в короткий срок можно было только путем нанесения решительного поражения наиболее крупной, сильной, стратегически важной группировке японских сухопутных войск на материке. Этим параметрам соответствовал маньчжуро-корейский район с его более чем миллионной группировкой войск, значительной промышленной и сырьевой базой и крупными стратегическими запасами. Этот район играл роль связующего звена Японской метрополии с континентом. Союзники хорошо понимали, что, потеряв этот важнейший стратегический район, Япония лишится большинства необходимых средств продолжения войны и неизбежно «запросит пощады». Решить эту задачу в короткий срок могли только советские войска.

Поэтому ряд видных военачальников союзников, несмотря на обладание атомным оружием, связывали свои планы с обязательным вступлением в войну против Японии Советского Союза.[②] С другой стороны, руководители США и Великобритании хорошо понимали, что, «если бы Россия все еще оставалась нейтральной», то «огромная японская армия в Маньчжурии могла бы быть брошена на защиту самой Японии».[③] Генерал Д. Макартур, считавший, что сопротивление Японии может продолжаться еще 5-7 лет, был убежден, что американские войска «не должны высаживаться на острова собственно Японии, пока русская армия не начнет военные действия в

① Command Decisions / Ed. with Introductory Essay by *K. Greenfild*. Wash., 1987. P. 507–508.

② *Spector R.* Eagle Against the Sun. The American War with Japan. N.Y., 1985. P. 552–553.

③ *Churchill W.* The Second World War. Triumph and Tragedy. Vol. 6. P. 333.

Маньчжурии».[1]

Итак, стратегическая обстановка на Азиатско-Тихоокеанском театре войны к августу 1945 г. сложилась благоприятно для воевавших против Японии государств, однако, без вступления Советского Союза в военные действия союзникам, несмотря на наличие атомного оружия, рассчитывать на быстрое завершение разгрома противника не приходилось.

Это требовало от руководства всех союзных держав принятия судьбоносных решений, и они были выработаны и тщательно проработаны на Ялтинской и Потсдамской конференциях лидеров Большой Тройки в феврале и июле 1945 г., результатом чего стало вступление в войну на Дальнем Востоке Советского Союза, который имел и собственные основания для выступления против Японии.

Военные действия Японии в Китае велись вблизи дальневосточных границ СССР, где советское руководство на протяжении 1941–1945 гг. было вынуждено держать войска, общей численностью более 1 млн человек,[2] что, безусловно затрудняло оказание сопротивления гитлеровской агрессии. За годы войны Япония совершила более 900 провокаций на границе СССР, потопили не менее 8 его судов. Советский Союз не мог считать обеспеченной свою безопасность на Дальнем Востоке, пока там полыхал огонь войны и Япония продолжала проводить свою захватническую политику. В этой ситуации 5 апреля 1945 г. СССР заявил о денонсации Пакта о нейтралитете с Японией, то есть о намерении прекратить его действие в одностороннем порядке со всеми вытекавшими из этого последствиями. Однако японское правительство не посчиталось с этим серьезным предупреждением и до конца войны в Европе продолжало поддерживать Германию, а затем отвергло опубликованную 26 июля 1945 г. правительствами

---

[1]  The Entry of the Soviet Union into the War Against Japan: Military Plans. 1941–1945. Wash., 1955. P. 51.

[2]  Военная история Отечества с древних времен до наших дней. В 3-х т. Т. 2. М., 1995. С. 394.

США, Великобритании и Китая и поддержанную впоследствии правительством СССР Потсдамскую декларацию, содержащую требование безоговорочной капитуляции Японии. 8 августа 1945 г. советское правительство объявило, поэтому, о выступлении на следующий день СССР в войну с Японией, а с наступлением этого дня на дальневосточных рубежах Советского Союза развернулись крупномасштабные боевые действия.

Вступление СССР в войну против Японии явилось демонстрацией последовательности политики Советского Союза, направленной на разгром агрессоров на Западе и Востоке, свидетельством его верности союзническому долгу.

Политическая цель военной кампании Советского Союза на Дальнем Востоке сводилась к тому, чтобы как можно быстрее ликвидировать последний очаг Второй мировой войны, устранить постоянную угрозу нападения японских захватчиков на СССР, совместно с союзниками изгнать их из оккупированных Японией Китая и Кореи, содействовать восстановлению всеобщего мира. Вступление в войну с Японией полностью соответствовало союзническим обязательствам СССР, взятым на Ялтинской и подтвержденным на Потсдамской конференциях, отвечало коренным интересам советских людей и угнетенных народов Азии. Скорейшее завершение войны избавляло человечество, в том числе и в первую очередь китайский народ, от дальнейших многомиллионных жертв и страданий, способствовало развитию национально-освободительного движения в странах Азии.

Главной военно-стратегической целью Советских Вооруженных Сил в войне с Японией являлся разгром ядра ее сухопутных войск – миллионной Квантунской группировки войск, освобождение от японских захватчиков Северо-Восточного Китая (Маньчжурии) и Северной Кореи. Решение этой задачи должно было оказать решающее влияние на ускорение капитуляции Японии и обеспечить успех в разгроме японских войск на Южном Сахалине и Курильских островах.

О масштабах и сложности операций советских войск говорит то, что Дальневосточный театр военных действий превышал по площади размеры территорий трех главных агрессоров во второй мировой войне – Германии, Японии и Италии, вместе взятых, а фронт действий превышал 5000 км. что было гораздо больше, чем советско-германский фронт.

Замыслом советской Дальневосточной кампании предусматривалось нанести два глубоких встречных удара с территории Монгольской Народной Республики и советского Приморья, что ставило войска Квантунской группировки перед необходимостью вести оборону на два фронта, а также несколько вспомогательных ударов по сходящимся к центру Маньчжурии направлениям. Для изоляции Квантунской группировки войск от японских Экспедиционных сил в Китае и метрополии вспомогательные удары планировалось нанести на калган-бейпинском направлении к побережью Желтого моря и вдоль восточного побережья Северной Кореи. Затем, в зависимости от достижения первоначальной цели – разгрома группировки японских войск в Маньчжурии и Северной Корее – намечалось освобождение Южного Сахалина и Курильских островов, а в случае продолжения японского сопротивления и высадка крупного десанта на Хоккайдо, от которой в связи с ненадобностью для принуждения Японии к капитуляции советское руководство отказалось.[1]

План Дальневосточной кампании, разработанный в Генеральном штабе, 28 июня был утвержден Ставкой Верховного Главнокомандования, Центральным комитетом ВКП(б) и Государственным Комитетом Обороны.[2] 28 июня 1945 г. командующие войсками Забайкальского и Дальневосточного (будущего 2-го Дальневосточного) фронтов и Приморской группы войск (будущего 1-го

---

[1] *Борисов О.Б., Бутурлинов Б.Ф., Носков А.М., Щебеньков Ю.М.* Победа на Востоке: К 40-летию разгрома милитаристской Японии. М., 1988. С. 22.

[2] *Василевский А. М.* Дело всей жизни. В 2-х кн. 6-е изд. Кн. 2. М., 1988. С. 249.

Дальневосточного фронта) получили задачи.[1]

Итак, трудности, испытываемые союзниками по антифашистской коалиции, особенно на континенте, где стояла миллионная Квантунская группировка японских войск, неспособность в течение длительного времени принудить Японию к безоговорочной капитуляции обусловили объективную необходимость вступления Советского Союза по их настойчивым просьбам в военные действия на Азиатско-Тихоокеанском театре. Однако и Советскому Союзу было необходимо усилить свою группировку на Дальнем Востоке, для чего туда было направлено более 400 тыс. войск во главе с военачальниками, имевшими огромный опыт войны с Германией.

Для проведения Дальневосточной кампании советским командованием были привлечены три фронтовых объединения -Забайкальский (командующий-Маршал Советского Союза Р.Я. Малиновский), 1-й Дальневосточный (командующий-Маршал Советского Союза К.А. Мерецков) и 2-й Дальневосточный (командующий-генерал армии М.А. Пуркаев) фронты, Тихоокеанский флот (командующий-адмирал И.С. Юмашев), Краснознаменная Амурская военная флотилия (командующий-контр-адмирал Н.В. Антонов), три армии противовоздушной обороны, а также части монгольской Народно-революционной армии (главнокомандующий -маршал Х. Чойбалсан). Советские и монгольские войска и силы флота насчитывали на Дальнем Востоке более 1,7 млн человек, около 30 тыс. орудий и минометов (без зенитной артиллерии), 5,25 тыс. танков и самоходных артиллерийских установок, 5,2 тыс. самолетов, 93 боевых корабля основных классов. Общее руководство войсками осуществляло специально созданное Ставкой Верховного Главнокомандования

---

① См. подробнее: *Зимонин В.П.* Последний очаг второй мировой. М. 2002. С. 163–165, 318–324; *Борисов О.Б., Бутурлинов В.Ф., Носков А.М., Щебеньков Ю.М.* Победа на Востоке. К 40-летию разгрома милитаристской Японии. М., 1985. С. 22; *Волкогонов Д.А.* Триумф и трагедия. Политический портрет И.В. Сталина. В 2-х кн. Кн. 2. М., 1989. С. 18.

Главное командование советских войск на Дальнем Востоке (Главнокомандующий-Маршал Советского Союза А.М. Василевский).[1]

8 августа СССР объявил войну Японии и с началом следующего дня развернул грандиозную Маньчжурскую стратегическую наступательную операцию в точном соответствии с великолепно продуманным замыслом, сочетая стремительное наступление, удары авиации по штабам, высадки морских и воздушных десантов в крупных военных и административных центрах. Опыт, приобретенный советскими полководцами и Красной Армией в годы Великой Отечественной войны, позволил завершить операцию принуждением Японии к капитуляции не за три месяца, как планировалось, а менее чем за три недели, что в корне изменило ситуацию на АТТВ. Потери японских войск составили более 640 тыс. человек пленными и 87 тыс. убитыми и ранеными. Это было самое крупное поражение японской армии за всю войну.

«Вступление сегодня утром в войну Советского Союза, -заявил 9 августа премьер-министр Японии К. Судзуки, -ставит нас окончательно в безвыходное положение и делает невозможным дальнейшее продолжение войны». Однако это еще не означало капитуляции Японии. Понадобилось еще несколько дней для разгрома главных сил Квантунской группировки войск и принуждению ее к сдаче оружия.

Крупный успех советских войск в Маньчжурии и Северной Корее, достигнутый в первые же дни войны, позволил советскому командованию начать успешное проведение операций по освобождению исконно русских территорий-11 августа Южного Сахалина и 18 августа -Курил, что полностью соответствовало Ялтинскому соглашению Великих держав.

С подписанием 2 сентября 1945 г. Акта о капитуляции Японии закончилась Вторая мировая война.

В результате решительных действий Вооруженных Сил СССР

---

[1] История Второй мировой войны 1939–1945. В 12 т. Т. 11. М., 1980. С. 193, 196–197.

Япония была принуждена к безоговорочной капитуляции, о чем император Японии заявил уже 15 августа 1945 г., а не в лучшем случае через 1,5 года, как рассчитывали союзники, несмотря на наличие у США атомного оружия, в результате чего были спасены миллионы жизней.

Роль СССР в разгроме агрессоров высоко оценивали выдающиеся политические и военные деятели Китая, в том числе Мао Цзэдун и маршал Чжу Дэ. «Если бы не существовало Советского Союза, если бы не было победы в антифашистской Второй мировой войне, -считал вождь китайской революции Мао Цзэдун, -если бы -что особенно важно для нас-японский империализм не был бы разгромлен... Разве мы могли бы одержать победу? Конечно нет».

«Советская Армия вступила в Маньчжурию, -отмечал прославленный китайский полководец маршал Чжу Дэ, -полностью разгромила и уничтожила Квантунскую группировку-оплот японских милитаристов, заставив таким образом японский империализм капитулировать».

Глубокую благодарность выразил советскому командованию командующий 8-й армией Компартии Китая Чжао Вэньцзинь: «Мы особенно благодарны Красной Армии Советского Союза. Мы были в исключительно трудном положении. Против нас были сосредоточены намного превосходящие силы противника, который нас окружил и отрезал все пути к отходу и сузил наши возможности маневрирования. Накануне 9 августа мы ломали головы над тем, как выбраться из этого тяжелого положения. Вступление Красной Армии Советского Союза на территорию Маньчжурии 9 августа коренным образом изменило соотношение сил. Мы из обороняющихся превратились в наступающих. Таким образом, Красная Армия нас спасла от гибели, и мы ей особенно благодарны».

Чрезвычайно высокую оценку достигнутому уровню военного искусства советских войск дают в своем труде ученые Академии военных наук Китая: «Принятие всех возможных мер для обеспечения оперативной внезапности, в результате чего оперативная инициатива с самого начала военных действий находилась в руках советских войск; создание сильных первых эшелонов для нанесения мощного первоначального удара (до 80% сил и средств, участвовавших в операции); нанесение одновременных ударов с нескольких операционных направлений, сходящихся к центру, при централизованном управлении; высокая организация централизованного тылового обеспечения, несмотря на высокие темпы наступления и оторванность Дальнего Востока от экономических центров СССР».[①]

В заключение не могу не отметить выдающийся вклад в победу над агрессорами Маршала Советского Союза А.М. Василевского, 120-летие которого мы будем отмечать 30 сентября с.г. Маршал вложил в подготовку и осуществление военных операций против Японии весь свой опыт управления крупными группировками советских войск в войне против Германии, сумев продемонстрировать образец современной организации масштабных военных действий, с минимальными потерями (менее 1% задействованных сил) и в кратчайшие сроки осуществить грандиозную Маньчжурскую стратегическую наступательную операцию, освободить и возвратить китайскому и корейскому народам Северо-Восточный Китай и Северную Корею, вернуть России Южный Сахалин и Курилы, сберечь миллионы жизней.

Особо отмечу то, что маршал А.М. Василевский и сразу после окончания военных действий, и на постах министра Вооруженных Сил и министра обороны СССР внес немалый вклад в создание Маньчжурской революционной базы, способствовавшей изгнанию Чан Кайши на Тайвань и победе китайской революции, приведшей к созданию 1 октября 1949 г. Китайской Народной Республики.

---

① *Хуан Юйчжан* и др. Диэрцы шицзе дачжань (Вторая мировая война) 1939-1945. Пекин, 1984. С. 505-506.

　　Огромную вклад в совместную победу над японским агрессором сыграл и китайский маршал Чжу Дэ, бывший главнокомандующим Вооруженными силами, руководимыми Компартией Китая и заместителем главнокомандующего всеми Вооруженными силами Китая.

　　На мой взгляд, необходимо наконец-то достойно увековечить заслуги маршалов А.М. Василевского и Чжу Дэ сооружением солидных памятников полководцам в Москве и Пекине.

# 反法西斯战争胜利，中俄贡献不可磨灭

李　新[1]

　　5月9日是俄罗斯人民的光辉节日。战争胜利后每年的这一天，俄罗斯人民都会以不同的方式来庆祝。为庆祝今年的胜利日，俄罗斯人民举行了有史以来最隆重的庆祝活动来迎接反法西斯战争胜利70周年。德国法西斯主义和日本军国主义发动的侵略战争给俄罗斯和中国人民带来了人类历史上前所未有的灾难和浩劫。在那场浩劫中，中苏两国人民联合在了一起，世界上所有爱好和平的人民联合在了一起，结成了广泛的国际反法西斯和反军国主义统一战线，浴血奋战，并肩战斗，终于打败了野蛮侵略者，赢得了世界和平。反法西斯战争是人类有史以来规模最大、战斗最激烈、影响最广泛和最深远的战争。这场战争的胜利开辟了一个以和平与发展为主题的崭新的时代，成为20世纪人类社会的一个根本转折点。

## 一、苏联是第二次世界大战欧洲主战场

　　苏联卫国战争是反法西斯战争的重要组成部分。习近平主席指出，苏联是第二次世界大战欧洲主战场。苏联人民以其英勇的抵抗保卫了自己的国家，挫败了希特勒的攻击，打破了德军不可战胜的神话，鼓舞了全世界抵抗法西斯的信心与决心。不论从参战军队的数量，还是从战争持续时间、紧张程度、规模和最终结果来看，苏联卫国战争始终是反法西斯战争的决定性战场。苏联牵制并消耗了

---

　　[1]　李新：上海国际问题研究院俄罗斯研究中心主任、研究员。

大量的德军精锐部队，使其不能在其他战场上与盟军作战。苏联人民与中国人民所进行的抗日民族解放战争遥相呼应，彼此之间进行战略支援与配合，粉碎了德日联合夹击苏联的阴谋。苏联在取得欧洲战场的胜利之后没有来得及修整，迅速出兵中国东北，与中国人民共同打败了日本帝国主义的野蛮侵略，为抗日战争胜利做出了重大贡献。俄罗斯人民和其他兄弟民族为赢得卫国战争胜利，付出了牺牲2700万人的惨重代价，几乎每个家庭都有人员伤亡。潘菲洛夫师二十八壮士、马特洛索夫、卓娅等一大批英雄儿女，为捍卫祖国独立和尊严，为捍卫世界和平和正义，谱写了感天动地的战斗诗篇。俄罗斯人民永远不会忘记，中国人民永远不会忘记，世界人民也永远不会忘记。

在苏联卫国战争的不同阶段苏联红军先后消灭了德国法西斯北方集团军、中央集团军、南方集团军、顿河集团军、乌克兰北方集团军和乌克兰南方集团军等。德国国防军73%以上的损失都是在与苏联红军的战斗中发生的。1941年—1945年，苏联红军消灭和俘虏了敌军607个师，而英美仅为176个师。约有700万苏联士兵直接参加了欧洲国家的解放，解放的欧洲领土达100万平方公里，解放了1.13亿人口。150万苏联士兵参与了解放中国东北和朝鲜的战斗。正是苏联人民和她的军队堵住了法西斯统治世界的道路，承担了战争的主要部分，对粉碎德国纳粹、日本军国主义等做出了决定性的贡献。

## 二、中国是第二次世界大战亚洲主战场

普京总统在纪念反法西斯战争胜利70周年讲话中明确表示，中国是第二次世界大战亚洲主战场。中国人民抗日战争起始最早，持续时间最长，条件最艰苦，付出的牺牲也同俄罗斯人民一样是最惨重的。中国军民不屈不挠、艰苦卓绝的抗日斗争，消灭并牵制了日本侵略者大量兵力，以伤亡3500万人的巨大民族牺牲，最终赢得了抗日战争的伟大胜利，为世界反法西斯战争胜利做出了巨大贡献。同俄罗斯人民一样，中国人民为抗战胜利谱写的历史篇章也永远铭

刻在历史上。

中国作为世界反法西斯东方战场抗击日本法西斯的主要国家，中国军民成为战胜日本法西斯的决定性力量，为赢得世界反法西斯战争的最后胜利作出了巨大的民族牺牲和不可磨灭的历史贡献。首先，中国抗战是挫败日本对外扩张计划和拖垮日本经济的决定因素。日本侵华目的是妄想通过速战速决灭亡中国，然后以中国为战略基地，北犯苏联，南下太平洋，进而称霸世界。由于中国军民的坚决抵抗，使日军主力深陷中国持久战的"泥潭"，打乱了日、德、意法西斯东西配合的战略部署，在战略上有力地配合与援助了世界各国人民的反法西斯战争。由于长期的战争消耗，日本的军费开支逐年增加。1937年为32.7亿日元，到1941年就增加到125亿日元。四年间日本军费增长了近四倍，其中用于中国战场的军费总额达213亿日元，占同期总军费的70%。其次，中国抗战阻止日本北进，有力地支援了苏联对德国法西斯作战。日本侵略苏联的野心由来已久，但始终未敢动手。最根本的原因在于中国人民的抗日斗争，沉重地打击了日本在中国东北境内的侵略军，使其无法集中兵力对苏联发动进攻。据统计，从1931年到1937年六年间，中国东北抗日联军同日伪军作战达数千次之多，日军共耗资14亿日元、伤亡17.2万余人，致使原计划进攻苏联的日军深陷中国东北，根本无力北进。1941年苏德战争爆发，给日本北进提供了良机，但由于日军深陷中国，丧失了北进的最后一次机会。正是由于中国的持久抗战，拖住了日军主力，从而使苏联避免两线作战，并从远东抽调50余万的兵力增强西线作战力量，极大地加强了苏联对德作战实力，为莫斯科、斯大林格勒保卫战等战役的胜利创造了条件，中国也间接援助了苏联的卫国战争。第三，中国抗战推迟了日本南进，有力地支援了美英在太平洋战场的作战。1940年5月，德国进攻西欧，法国败降，英国危急，为日本南进提供了最后时机。而此时的中国战场，八路军正发动百团大战，歼灭日军2万余人，正面战场日伪军伤亡达27.3万余人。这一年日本陆军共有51个师，其中陷于侵华战争就有39个师，占其陆军总兵力的76%。正是由于中国持久抗战使日本推迟了南进，从而为英美等盟国争取到了加强战备的宝贵时间。太平洋战争爆发后，日本虽然决心把战争扩大到太平洋和东南亚，但它始终不敢把更多的兵力从中国战场调至太平洋区域作战。1941年年底，日本的总兵力已达到210万人，但仍有140万在中国战场上，太平洋战场上的陆军兵力仅为40万人。这就是说，日陆军总兵力的三分之二以上被死死地"钉"在中国战场。可见，中国抗战对美英在太平洋战场的作战给予了直接有效的支持，从而对世界反法西斯战争的胜利起了至关重要的推进作用。第四，中华民族为世界反法西斯战争胜利做出了巨大民族牺牲，全国军民伤亡3500万人，其中军队伤亡380万，死亡132.5万人；平民伤亡3120万人，死亡2000万人。日本侵略者给中国造成的直接经济损失1000亿美元，间接经济损失5000亿美元。

## 三、中俄两国人民相互支持并肩战斗

习近平主席在《铭记历史，开创未来》的文章中表示，中国人民和俄罗斯人民在反法西斯和军国主义的战斗中相互支持，相互援助，并肩战斗，用鲜血和生命凝成了战斗友谊。在卫国战争最艰苦的时刻，中华民族许多热血儿女毅然投身到抗击法西斯德军的英勇行列中。他列举了许多中国人民与苏联人民并肩战斗、抗击德国法西斯的英雄事迹：毛泽东主席的长子毛岸英作为白俄罗斯第一方面军坦克连指导员，转战千里，直至攻克柏林；中国飞行员唐铎作为苏军空中射击团副团长，鹰击长空，在同法西斯军队的空战中屡建战功；在莫斯科伊万诺沃国际儿童院学习的中国共产党领导人和革命先烈后代，年龄幼小，自告奋勇挖战壕、制造"莫洛托夫"燃烧瓶、生产军服、食品、伐木、挖土豆、在医院照料伤病员，许多人还每月都为前线战士献出430毫升鲜血；中国女记者胡济邦以柔弱之躯全程经历卫国战争，冒着炮火报道了苏联人民的坚贞不屈、法西斯军队的残暴、苏联军民胜利的喜悦，鼓舞了中苏两国军民抗战到底的决心。在为俄罗斯卫国战争做出贡献的中国人中，还有许许多多无名英雄。

习近平主席在文章中还感谢了俄罗斯人民给予中国人民抗日战争宝贵的政治和道义支持，支援大批物资、装备。2000多名苏联飞行员参加了援华志愿飞行队，帮助中国抗击日本侵略者，有200多人牺牲在中国战场。在中国抗日战争后期，苏联红军开赴中国东北战场，同中国军民一道对日作战，为中国人民赢得抗日战争的最终胜利提供了重要支援。中国人民永远怀念那些为中华民族独立解放事业而英勇捐躯的俄罗斯军民。在攻克了柏林之后，苏联随即将庞大的军队迅速投入了远东与日本的战争，击退了关东军。1945年8月，日军有700万人、1万架飞机、500艘战舰，而当时美国及其盟国在亚太地区只有180万人和5000架飞机。如果苏联不参加对日作战，日军主力将集中对付美国人，战争将可能会再拖延两年，相应地损失会更大，况且日军高层已经准备使用细菌武器。苏联红军付出了巨大牺牲取得了对日作战的胜利，共牺牲1.2万人、受伤2.4万人，消灭日军8.4万人，俘虏60万人。从2010年，俄罗斯设立9月2日为军人光荣日，纪念反法西斯战争彻底结束。

## 四、世界出现抹黑中俄两国在反法西斯战争胜利中巨大贡献的逆流

苏联及其红军对反法西斯战争胜利的主要作用就是粉碎了法西斯集团，苏联卫国战争不仅将许多国家从纳粹的奴役下解放了出来，而且为许多亚非拉国家摆脱殖民统治创造了良好的条件。每个参加反抗法西斯主义的国家都有权认为自己是胜利者，但是关于每一个同盟国对取得胜利的贡献问题在战后越来越被政治化。如俄罗斯学者所述，在战后美国史学界出版的大多数著作中，苏联反抗德国及其盟国的斗争被解释为次要现象和局部性。认为苏联在二战中的作用仅仅是为美国部署庞大的战争机器赢得了时间，使得美国为结束反法西斯战争起到了决定性的作用。普京对此予以驳斥说，在反法西斯战争中，英国共牺牲了大约35万人，美国大约在50万人左右，

但绝不能与为此牺牲的2700万苏联人相比。苏联解体后东欧一些国家出现了否定反法西斯战争的思想潮流，否定苏联是"解放者"，而称之为"占领者"，将斯大林体制等同于纳粹主义。因此出现了大量摧毁苏军解放纪念碑的现象。2015年6月，针对一些日本媒体美化日本二战军国主义历史、并试图抹黑苏联红军作为解放者历史地位的一些文章，俄罗斯外交部表示，这是对历史的亵渎。"军国主义日本是第二次世界大战公认的由侵略国组成的'轴心国'联盟的参与者，其应当为加入法西斯联盟、人类历史上最血腥的屠杀及其对他国和他国人民残酷奴役负全部责任。让我们感到愤怒的是，一些日本媒体赤裸裸、厚颜无耻地企图抹黑作为解放者的苏联军人和饱受日本侵略之苦的中国人民。"普京强调，历史是一门科学，必须以客观的态度对待它，绝不容许否定历史、歪曲历史。苏联人民的爱国主义在战争年代成为强大的精神力量，卫国战争的英雄事迹直到今天仍然是培养俄罗斯公民爱国主义的精神支柱，参加卫国战争的老兵为俄罗斯公民军事爱国主义教育做出了杰出贡献。然而，经过20世纪90年代的动荡，有资料显示，30%以上的年轻人已经不了解苏联卫国战争对反法西斯战争的重要意义。普京对此非常痛心，他指出，中学历史教学一个重要的任务是使孩子们对俄罗斯历史的重大事实、对祖国历史杰出人物的事迹有清晰、正确的认识。

从1937年到1945年的八年时间里，中国人民为了战胜日本法西斯付出了极大的牺牲，军民伤亡在3500万以上，经济损失达6000多亿美元，为世界反法西斯战争的胜利做出了卓越的贡献。伟大的中国人民抗日战争开辟了世界反法西斯战争的东方主战场，为挽救民族危亡、实现民族独立和人民解放，为争取世界和平的伟大事业，作出了彪炳史册的贡献。美国前总统罗斯福"忘不了中国人民在七年多的长时间里怎样顶住了日本人的野蛮进攻和在亚洲大陆广大地区牵制住大量的敌军"，苏联联共（布）总书记斯大林盛赞中国人民"在消灭日本帝国主义者的事业中起了巨大的作用。中国人民及其解放的斗争，大大地便利了击溃日本侵略力量的事业"。正是中国人民的浴血奋战，消耗了日本军国主义的主要力量，使得日军没有足够的力量对苏联远东地区发起进攻，使得苏联能够全力以赴与纳粹德国作战，使得日本法西斯在发动太平洋战争时投入南方战线的兵力严重不足。中国人民的抗日战争粉碎了英美在远东的绥靖政策，特别是英国的远东慕尼黑阴谋，使得中国成为同盟国的重要抗日基地。中国人民的抗日战争还推迟了德、意、日法西斯缔结同盟，减轻了英法在远东的压力。日本未能在军事上给德国以配合，这与中国人民坚持抗战是分不开的。然而在战后的70年时间里，大部分西方学者都不愿意承认中国抗日战争为世界反法西斯战争做出巨大贡献这一事实。而且日本作为战败国更是没有勇气向受日本军国主义奴役的人民道歉，甚至无视铁的历史事实，无视在战争中牺牲的数以千万计的无辜生命，逆历史潮流而动，试图修改历史教科书，一再否认甚至美化侵略历史，否认南京大屠杀，破坏国际互信，制造地区紧张，引起了包括中国人民在内的全世界爱好和平人民的强烈谴责。2014年7月，习近平主席在纪念全民族抗战爆发77周年仪式上强调指出，付出了巨大牺牲的中国人民，将坚定不移捍卫用鲜血和生命写下的历史。任何人想要否定、歪曲甚至美化侵略历史，中国人民和各国人民绝不答应！

## 五、中俄两国面临共同捍卫反法西斯战争胜利成果的艰巨任务

俄罗斯著名历史学家克柳切夫斯基说过，"如果丧失对历史的记忆，我们的心灵就会在黑暗中迷失。"忘记历史就意味着背叛。中俄两国人民将以坚定的决心和努力，同世界上所有热爱和平的国家和人民一道，坚决反对否认、歪曲、篡改第二次世界大战历史的图谋和行径。2015年中俄两国共同举办一系列第二次世界大战胜利70周年庆祝和纪念活动，联合国和其他国际及地区组织也已经或还将举办一系列庆祝和纪念活动。我们举办这些庆祝和纪念活动的目的，是要展现共同维护第二次世界大战胜利成果和国际公平正义的决心，是要警示世人珍惜和维护来之不易的和平。

习近平主席指出，第二次世界大战的惨痛教训告诉人们，弱肉

强食、丛林法则不是人类共存之道；穷兵黩武、强权独霸不是人类和平之策；赢者通吃、零和博弈不是人类发展之路；和平而不是战争，合作而不是对抗，共赢而不是零和，才是人类社会和平、进步、发展的永恒主题。中华民族和俄罗斯民族都是伟大的民族。当年，我们患难与共，用鲜血凝成了坚不可摧的战斗友谊。今天，中俄两国人民更将携手前进，同护和平，共促发展，继续为巩固世界持久和平和人类共同进步做出自己的贡献。

中国和俄罗斯需要共同捍卫反法西斯战争的胜利成果，绝不容许否定历史和歪曲历史。否定历史，那就是对牺牲的数千万将士的侮辱，就是否定真相和公正。不了解全部历史真相，不反思过去的教训就不会有今天的社会发展。所以，俄罗斯社会需要关于卫国战争的最信得过的历史，中国社会需要关于抗日战争的最信得过的历史。习近平指出，我们将以最大的决心和努力，同世界各国人民一道，坚决捍卫中国人民抗日战争和世界反法西斯战争胜利成果，坚决维护战后国际秩序，决不允许否认和歪曲侵略历史，决不允许军国主义卷土重来，决不允许历史悲剧重演。俄罗斯外长拉夫罗夫批评日本是唯一一个对第二次世界大战结果提出质疑的国家。俄罗斯联邦委员会主席马特维延科表示，俄中作为二战主要战胜国，为这场残酷的战争付出了沉重的代价，应该坚决反对企图篡改历史的行为。尽所有可能不再让第二次世界大战的悲剧重演。

根据中俄两国领导人达成的协议，2015年中俄两国分别在5月9日俄罗斯反法西斯战争胜利日和9月3日中国抗日战争胜利日共同庆祝反法西斯战争胜利70周年。在当前的历史条件下和国际环境条件下，两国共同庆祝这一伟大节日具有重要的历史意义和现实意义。我们要牢记历史，在今天和未来之间架起一座桥梁，通过对战争历史的教训总结，联合全世界和平爱好者的力量捍卫反法西斯战争的胜利果实，防止战争的再次爆发，共同保护世界和平，维护世界安全和稳定。

# 中国人民抗日战争
# 在世界反法西斯战争中的重大意义

石源华[①]

在世界反法西斯战争中，中国不仅抗战最早、坚持时间最长，也是做出最大牺牲的国家。习近平主席在纪念抗战爆发77周年纪念大会上指出："伟大的中国人民抗日战争，开辟了世界反法西斯战争的东方主战场，为挽救民族危亡，实现民族独立和人民解放，为争取世界和平的伟大事业，作出了彪炳史册的贡献。"

中国最早举起反侵略的旗帜，推迟了苏德战争和太平洋战争的爆发，为盟国反法西斯战争赢得了宝贵的时间。

1931年"九一八"事变后，中国进行抗击日本侵略东北和上海的局部战争，唤醒了世界人民对于日本发动侵略战争的警惕，推迟了远东战争策源地的形成。1937年"七七事变"后，中国独力进行全面的抗日战争，向世界宣布反法西斯侵略战争开始。战争初期，英国一度实行"绥靖"政策和"远东慕尼黑"阴谋，企图以牺牲中国换取将战争引向苏联，美国则推行"孤立主义"外交，对于日本侵华战争作壁上观，英美的态度在某种意义上助长了德日法西斯的猖獗和两大战争策源地的形成。中国独立坚持抗战，担负起抗击日本法西斯的重任，不仅阻断了日本北上与德国合击苏联的企图、推迟了苏德战争的爆发，而且吸引了日本的主要兵力于中国战场，延缓了太平洋战争的爆发，为盟国的反法西斯战争赢得了宝贵的时间。

---

① 石源华：复旦大学国际问题研究院教授。

中国抗击日本法西斯战争最为激烈，作出了巨大民族牺牲，谱写了世界反法西斯战争东方战场的壮丽篇章。

在缺乏外援、装备低劣、综合国力远不如日本的情况下，中国军民以血肉之躯，奋勇抵抗。"一寸山河一寸血"，中国共产党开辟了广阔的敌后战场，中国国民党领导了正面战场抗战，互相配合协力，共同苦撑抗日战争四年多时间，以巨大的民族牺牲，给世界反法西斯战争作出了贡献，给世界人民留下了极为深刻的印象。太平洋战争爆发后，美、英、荷等国军队在战场上连连败北，中国正面战场取得了第三次长沙战役等重大胜利，鼓舞了世界反法西斯战争的声势和士气，中国敌后抗日战场则发展成为具有19块抗日根据地、1亿多人口的中国抗日主战场，牵制了69%的侵华日军和95%以上的伪军（1945年），使中国战场的战略地位急骤上升，产生了巨大的国际影响。至战争结束时，日军在中国战区投降的人数达128万，占投降日军人数一半以上，中国人民的抗日战争从根本上扭转了世界反法西斯战争东方战场的胜负格局。中国战区一共俘、毙、伤日军150余万人，中国军民总伤亡则高达3500余万。整个战争期间，中国遭受的直接财产损失达1000亿美元，间接损失达5000亿美元。伤亡和损失超过任何一个参战的国家，中国为世界反法西斯战争胜利做出了巨大牺牲。

中国坚持世界反法西斯战争的时间最长，有力配合了盟国在苏联战场、欧洲战场、非洲战场、太平洋战场的战争，为世界反法西斯战争的最后胜利作出了巨大的贡献。

在世界反法西斯战争作出重大贡献的"四强"大国中，中国是抵抗时间最长的国家，其他"四强"国家长的不足6年，短的不足4年，而中国全面抗战8年，加上局部抗战，长达14年之久。太平洋战争期间，中国和美、英、苏发生是"先亚后欧"还是"先欧后亚"的战略方针争执，由于美、英、苏坚持推行"先欧后亚"的世界反法西斯战略，中国战区的对日决战被一再推迟，导致中国抗战时间最长、遭遇的战争苦难和折磨也特别多。中国将日本军队主力牢牢牵制在中国战场，不仅为自身生存而战，也为同盟国而战。中国战场的长期抗战有力配合了盟国在苏联战场、欧洲战场、非洲战场、太平洋战场的战争，为世界反法西斯战争的最后胜利作出了巨大的贡献。

中国最早批判国联机制无能，积极推动世界反法西斯阵线的建立，对形成以联合国为主体的战后国际新秩序起了无可取代的作用。

"九一八"事变后，面对日本对东北的侵略，中国国民党政府曾经实行"依赖国联主持公道"的外交方针，遭到了彻底的失败，使中国对第一次世界大战后建立的国联机制的无能有了深刻的认识和体验。太平洋战争期间，中国是最早批评国联机制失效、提出重建世界秩序构想和联合国组织的国家，从参与签署《联合国家宣言》《四强安全宣言》到参加开罗会议、联合国筹备会议等，中国积极参与战后世界秩序的重塑，与美、英、苏等国共同创建联合国，成为联合国的常任理事国。中国对于战后世界新秩序的建立与联合国的成立，作出了无可取代的历史性贡献。

中国积极承担大国责任，支持周边国家的抗日反帝斗争和民族独立运动，为亚洲反殖民主义事业做出了具有世界意义的历史贡献。

抗日战争期间，中国不仅两次出动远征军激战缅甸，出动占领军接受越南日军投降，扬名海外，开创了中国近代史上开天辟地之壮举，而且热情支持周边被压迫国家和民族——印度、韩国、越南、缅甸、菲律宾等国的独立反帝运动，帮助和支持这些国家战后实现独立，推动了亚洲殖民统治体系在反法西斯战争中彻底瓦解，为世界反殖民主义事业做出了具有世界意义的历史贡献。

中国自身国际地位的提升和大国地位的奠定，也为世界反法西斯战争的胜利和战后国际新秩序的建设作出了极为重要的贡献。

通过抗日战争，中国彻底粉碎了日本军国主义殖民奴役中国的图谋，迫使日本归还了甲午战争以后从中国窃取的东北、台湾、澎湖列岛等神圣领土，捍卫了国家领土主权的完整，签订中美、中英新约等，改变了中国百年以来的半殖民地半封建地位，成为"四强"之一，重新确立了中国在世界的大国地位，开辟了中华民族伟大复兴的光明前景。对世界和平而言，中国从四分五裂、贫困落后走向独立统一本身就是对于世界作出的极为重要的贡献。

# Маньчжурская стратегическая наступательная операция: разгром милитаристской Японии на Дальнем Востоке

А. Клименко [①]

В мае 1945 г. фашистская Германия безоговорочно капитулировала. Однако под гнетом японских оккупантов оставались Корея, Индокитай, Индонезия, часть территории Китая, Бирмы и Филиппин. И хотя США и Великобритания в войне с Японией и добились определенных успехов, достигнуть решительной победы они не смогли. Правительства этих стран сознавали, что заставить Японию капитулировать, можно только разгромив ее сухопутную группировку, что потребует еще много сил, времени и, главное, жертв. Поэтому без Советского Союза добиться скорой победы невозможно.

Согласие правительства СССР на вступление в войну с Японией было продиктовано, прежде всего, союзническими обязательствами. Кроме того, учитывая агрессивную политику Японии, Советскому Союзу необходимо было обеспечить и безопасность своих дальневосточных границ, и конечно, ускорить окончание Второй мировой войны.

С военной точки зрения, Маньчжурская стратегическая наступательная операция по оригинальности замысла и мастерству его исполнения, по развертыванию и применению межвидовых группировок войск, по своему размаху и скоротечности, по созданию

---

① А. Клименко: генерал-лейтенант, кандидат военных наук, ведущий научный сотрудник ИДВ РАН,профессор Академии военных наук.

системы управления войсками, по применению группировок войск в сложных физико-географических условиях была одной из выдающихся во всей мировой военной истории. В ней нашли воплощение все достижения военной мысли и военного искусства, накопленные советскими Вооруженными Силами во время Великой Отечественной войны. Не случайно эта операция была взята за рубежом за основу моделирования стратегических операций будущего. Подобных операций в истории военного искусства не было и вряд ли уже будет. Поэтому опыт такой операции бесценен.

На протяжении всей Великой Отечественной войны на территории Маньчжурии находилась крупная стратегическая группировка войск, создавая постоянную угрозу нападения на СССР (слайд 2). К началу Маньчжурской операции её основу составляла Квантунская армия под командованием генерала Ямада, в состав которой входили 1-й, 3-й и 17-й фронты, 4-я отдельная армия (всего 31 пехотная дивизия, 11 пехотных и 2 танковые бригады, бригада смертников, отдельные части), 2-я и 5-я воздушная армия, Сунгарийская военно-речная флотилия. Кроме того, главнокомандующему Квантунской армией подчинялись: армия Маньчжоу-Го (2 пехотных и 2 кавалерийских дивизии, 12 пехотных бригад, 4 отдельных кавалерийских полка), армия Мэнцзяна под командованием князя Дэвана (4 пехотных дивизии) и Суйюаньская армейская группа (5 кавалерийских дивизий и 2 кавалерийских бригады). Всего к началу операции в войсках противника насчитывалось свыше 1 млн человек, 6260 орудий и миномётов, 1155 танков, 1900 самолётов, 25 кораблей. Кроме того, у границ с Советским Союзом и МНР имелось 17 укреплённых районов - в общей сложности около 8 тысяч ДОСов.

Учитывая реальную опасность агрессии, Советскому Союзу всю войну приходилось держать на Дальнем Востоке крупные силы. В разные периоды войны это составляло от 15 до 30% всех сил и средств Красной Армии (слайд 3).

Тем не менее, для осуществления плана операции потребовалась колоссальная перегруппировка войск:

• 2 фронтовых (Карельского и 2 Украинского фронтов), и 4 армейских управления;

• 36 стрелковых, артиллерийских и зенитно-артиллерийских дивизий;

• 53 бригады;

• бомбардировочный авиационный корпус;

• 5 авиационных дивизий;

• 3 корпуса ПВО страны.

Это составило почти полмиллиона личного состава и огромное количество техники, вооружения и материальных средств.

Хочется особо подчеркнуть некоторые особенности в подготовке и проведении этой операции (слайд 4).

1. В ходе подготовки военной кампании на Дальнем Востоке, Ставке ВГК пришлось решать комплекс проблем, обусловленных организацией военных действий на удаленном ТВД, в условиях, когда Советский Союз официально не находился в состоянии войны с Японией.

2. В этих условиях открытие нового фронта вооруженной борьбы требовало мобилизации ресурсов Сибири и Дальнего Востока, проведения стратегической перегруппировки войск с запада на восток на расстояние до 12 тыс. км. для создания мощных наступательных группировок.

3. В качестве источника развертывания стратегической группировки на Дальнем Востоке Ставка в первую очередь использовала войска фронтов, завершивших боевые действия на советско-германском фронте (это войска Карельского, 1,3-го Белорусского и 2-го Украинского фронтов). При этом определение целесообразности использования того или иного объединения зависело от опыта и боевых качеств, накопленных в сражениях на советско-германском фронте. Так, соединения и части 5-й (генерал-полковник Крылов Н.И.) и 39-й (генерал-полковник Людников И.И.) армий, участвовавшие в прорыве укрепленных оборонительных полос в Восточной Пруссии,

предназначались для прорыва на главных направлениях приграничных укрепленных районов. Соединения 6-й гв. танковой (генерал-полковник Кравченко А.Г.) и 53-й общевойсковой армий (генерал-полковник Манагаров И.М.), имевшие большой опыт действий в горно-степной местности, предназначались для наступления на широких пустынных просторах и горно-лесистых массивах Маньчжурии. Конно-механизированная группа генерал-полковника Плиева И.А. на завершающем этапе войны развивала успех в операциях по освобождению Венгрии, войска генерал-полковника Белобородова А.П. успешно действовали в Прибалтике, а в апреле 1945 г. штурмовали укрепленный Кенигсберг. Таким методом подбирались войска, их командующие и командиры с учетом опыта в прорыве хорошо укрепленной обороны и действиях в оперативной глубине. При этом необходимо отметить, что большинство командующих армиями имели огромный опыт организации и проведения операций в подобной оперативной обстановке.

Итак, основная роль в операции отводилась не тем войскам, которые весь период Великой Отечественной войны находились на Дальневосточном ТВД, а тем войскам, которые имели боевой опыт в схожих климатических, географических и (если можно так сказать) фортификационных условиях ТВД. Конечно, это было для воинов-дальневосточников трагедией. Они всю войну находились на второстепенном направлении, когда страна из последних сил защищалась от фашистов, а затем громила агрессора. Тысячи военнослужащих разных должностей и званий заваливали вышестоящие инстанции рапортами с просьбой отправить на фронт, а им отказывали, так как необходимо было сдерживать японцев. И вот когда наступает час «Х», им опять отказывают в участии в операции на направлениях главного удара.

4. В ходе перегруппировки были приняты строгие меры скрытности и маскировки. Никто, даже офицеры штабов не знали, куда и с какой целью перебрасываются войска, а ведь перевозки предстояло

осуществить по однопутной железнодорожной магистрали в крайне сжатые сроки и на огромные расстояния. В этом отношении эти меры не имели себе равных в истории войн.

В результате советскому командованию удалось добиться главного – японская разведка, зная о подготовке СССР к войне, не смогла установить сроки завершения переброски советских войск и их количество. Естественно ошиблись японцы и в составе всей группировки советских войск на Дальнем Востоке. Поэтому японское командование предполагало, что Красная Армия перейдет в наступление не ранее сентября-октября.

5. Для управления и координации действий сухопутных войск и сил флота Ставка ВГК 30 июля создала новый орган высшего управления – Главное командование советских войск на Дальнем Востоке, а 2 августа – штаб Главного командования советских войск на Дальнем Востоке (слайд 5, 6.). Главнокомандующим был назначен Маршал Советского Союза А.М. Василевский, который еще летом 1944 года знал, что будет руководить действиями войск на Дальнем Востоке,[①] членом Военного совета – генерал-лейтенант И.В. Шикин (в годы войны - член Военного совета Северного фронта, начальник политуправления Ленинградского и Волховского фронтов), начальником штаба – генерал-полковник С.П. Иванов (в годы войны начальник штаба Закавказского и 3-го Украинского фронтов). Координация действий Тихоокеанского флота и Краснознаменной Амурской военной флотилии с войсками была возложена на наркома Военно-морского флота главнокомандующего Военно-Морскими Силами Адмирала Флота Н.Г. Кузнецова. Действиями авиации руководил командующий Военно-Воздушными Силами, Главный маршал авиации А.А. Новиков.

6. Для проведения операции на Дальнем Востоке были

---

① С 27 апреля 1944 г.А.М. Василевский активно включился планирование операции по разгрому Японии, осенью был готов замысел плана, а 27 июня 1944 г. план был доложен И.В. Сталину. 5 июля прибыл на Дальний Восток под именем генерал-полковника Васильева.

сформированы три фронта (слайд 7,8,): 1-й и 2-й Дальневосточные и Забайкальский, с войсками которых должны были взаимодействовать 3 воздушные армии, 3 армии ПВО, силы Тихоокеанского флота и Краснознаменной Амурской военной флотилии.

7. Командующие фронтами также имели соответствующий боевой опыт. Так, командующий войсками 1-го Дальневосточного фронта Маршал Советского Союза К.А. Мерецков проявил себя в ходе взятия мощнейших укрепленных позиций «линии Маннергейма» в 1940 году, и в ходе Петсамо-Киркенесской операции, проведенной в тяжелых условиях Заполярья глубокой осенью 1944 г. При этом основу управления штаба 1-го Дальневосточного фронта составило полевое управление Карельского фронта.

Командующий войсками Забайкальского фронта Маршал Советского Союза Р.Я. Малиновский – командовал войсками 2-го Украинского фронта, преодолевшими Карпаты. При этом он так же прибыл со своим сколоченным, сработавшимся полевым управлением.

Генерал армии М.А. Пуркаев, командовавший с апреля 1943 г. войсками Дальневосточного фронта на базе которого и был создан 2-й Дальневосточный фронт, как никто знал обстановку и противника на театре военных действий.

Таким образом, все командующие фронтами обладали огромным опытом и при этом они имели уже сколоченные штабы.

8. Еще одной особенностью (слайд 9) можно выделить исключительную скрытность подготовки операции и обеспечению внезапности действий. После определения командующим замысла и принятия решения по планированию операции, к ее подготовке и организации боевых действий допускался ограниченный круг должностных лиц. Все документы исполнялись лично этими должностными лицами без привлечения чертежников, машинисток и другого технического персонала.

9. При этом шли и подготовка, и слаживание войск и личного состава. В каждой дивизии были созданы учебные поля, которые

воспроизводили опорные пункты японцев со всеми заграждениями, долговременными огневыми точками, системой охраны и обороны. На этих учебных полях вначале шли тактико-строевые занятия с многократным повторением наиболее сложных приемов действий и взаимодействия между подразделениями различных родов войск. Затем проводилось по 5–6 комплексных учений (большинство из них ночью) с привлечением всех сил и средств, участвующих в боевых действиях. В каждом учении участвовали командиры и штабы дивизий и полков, командиры, штабы дивизионной и полковых артиллерийских групп, авианаводчики, в полном составе передовые батальоны со всеми средствами усиления. В заключение в каждой дивизии проводилось контрольное учение под руководством командующего армией, где окончательно уточнялись и проверялись все вопросы организации и ведения боевых действий (слайд 10).

Целью операции ставилось – разгромить японскую Квантунскую армию, освободить Северо-Восточный Китай (Маньчжурия), Северную Корею и ускорить завершение Второй мировой войны.

Решительный характер цели стратегической наступательной операции определил и основное содержание ее замысла (слайд 11). Идея его заключалась в том, чтобы двумя основными ударами с запада (территории МНР) войсками Забайкальского и с востока войсками 1-го Дальневосточного фронтов навстречу друг другу и несколькими вспомогательными рассекающими ударами по сходящимся направлениям на ЧАНЧУНЬ, во взаимодействии с воздушными десантами, осуществить глубокий охват противника, окружить его главные силы, рассечь их на изолированные группировки и уничтожить по частям. Войскам 2-го Дальневосточного фронта предстояло нанести главный удар на ХАРБИН, тем самым содействовать расчленению вражеской группировки и уничтожению ее по частям.

Главной особенностью операции было то, что началась она ряде направлений нестандартно, без артподготовки. В ночь на 9 августа передовые батальоны и разведотряды трёх фронтов в сопровождении пограничников без открытия огня бесшумно перешли границу и овладели долговременными оборонительными сооружениями врага еще до того, как японские расчеты успели их занять и открыть огонь. С рассветом пересекли государственную границу и перешли в наступление главные силы Забайкальского и 1-го Дальневосточного фронтов. В тех местах, где японцам удалось своевременно обнаружить выдвижение наших передовых батальонов и занять оборону, боевые действия затянулись, но такие узлы сопротивления умело обходились нашими войсками.

В целом наступление развивалось успешно с первых же часов. Внезапность и сила первоначальных ударов позволили советским войскам полностью захватить инициативу. В правительстве Японии начало военных операций Советским Союзом вызвало панику (слайд 12). "Вступление сегодня утром в войну Советского Союза, – заявил 9 августа премьер-министр Судзуки, – ставит нас окончательно в безвыходное положение и делает невозможным дальнейшее продолжение войны."

Несмотря на то, что наступление проходило в условиях упорного сопротивления врага, на всех основных направлениях советские войска отлично справлялись с выполнением поставленных задач (слайд 13).

Передовые части Забайкальского фронта уже к 11 августа, преодолев безводную пустыню Гоби, подошли к западным склонам Большого Хингана, а исходу 14 августа войска фронта, пройдя расстояние от 250 до 400 км, вышли в центральные районы Маньчжурии и, к 19-20 августа выполнили задачи Хингано-Мукденской наступательной операции.

Войска 1-го ДФ в условиях труднопроходимой горно-таежной местности, прорвав сильную полосу обороны, напоминавшую «линию Маннергейма», только в бóльших масштабах, и овладев семью мощными укрепленными районами, продвинулись вглубь Маньчжурии на 120-150 км и так же к 19 августа выполнили задачи Харбино-Гиринской наступательной операции.

Войска 2-го ДФ к этому времени вели бои на подступах к ЦИЦИКАРУ и ЦЗЯМУСЫ, к 19 августа выполнив задачи Сунгарийской операции.

Таким образом, уже к исходу шестых суток наступления советских войск Квантунская армия оказалась расчлененной на части, а к 19-20 августа цели стратегической наступательной операции были достигнуты.

Темп наступления советских войск составил на главных направлениях от 30 до 80 км в сутки. Столь высокие темпы наступления войск, действовавших на разобщенных операционных направлениях, стали возможны лишь благодаря тщательно продуманной группировке войск, знанию особенностей местности и характера системы обороны врага на каждом операционном направлении, широкому и смелому использованию танковых, механизированных и конных соединений, внезапности нападения, высокому наступательному порыву, решительным до дерзости и исключительно умелым действиям, отваге и массовому героизму воинов Красной Армии и моряков.

Перед лицом неминуемого военного поражения, уже 14 августа правительство Японии приняло решение капитулировать. На следующий день пал кабинет премьера Судзуки. С 19 августа японские войска, до которых к этому времени был доведен указ императора Японии о капитуляции, почти повсеместно стали сдаваться в плен. Чтобы ускорить этот процесс и не дать противнику возможности вывезти или уничтожить материальные ценности, с 18 по 27 августа были высажены воздушные десанты в ХАРБИНЕ, МУКДЕНЕ, ФЭНТЯНЕ, СИНЬЦЗИНЕ, ЦЗИЛИНЕ, РЁДЗЮНЕ, ДАЙРЭНЕ, ХЭЙДЗЁ и других городах, а также использованы подвижные передовые отряды.

Так, 18 августа в Харбине воздушный десант под командованием заместителя начальника штаба 1-го Дальневосточного фронта генерал-майора Г. Шелахова захватил на аэродроме начальника штаба Квантунской армии генерал-лейтенанта Х. Хату. А 19 августа 1945 года, когда советское воздушно-десантное подразделение приземлилось па Мукденском аэродроме, был захвачен маньчжурский император Генри Пу И, который со свитой, включая его японских советников, уже готовился улететь в Японию.[①]

К концу августа было полностью закончено разоружение Квантунской армии и других сил противника, располагавшихся в Маньчжурии и Северной Корее. Успешно завершались и Южно-Сахалинская операция, и десантная операция по освобождению Курильских островов.

Освобожденное китайское и корейское население восторженно встречало советские войска. Части Народно-освободительной армии Китая и корейские партизаны стремились всячески содействовать Красной Армии. В свою очередь Советский Союз, с учетом сложившийся обстановки, взял курс на поддержку революционного движения в лице компартии Китая. Первым реальным шагом на этом пути явилась передача китайской революционной армии трофейного вооружения и боевой техники бывшей Квантунской японской армии: 600 танков, 3,7 тыс. орудий, минометов и гранатометов, около 12 тыс. пулеметов, свыше 3 тыс. автомашин и 679 складов.

2 сентября 1945 г. на борту американского линкора «Миссури», вошедшего в Токийский залив, состоялась церемония подписания акта капитуляции Японии (слайд 14).

В заключение следует ещё раз подчеркнуть, что значение операции трудно переоценить. Она отличалась огромным размахом и рядом новаторских особенностей (слайд 15):

1. Скрытностью перегруппировок, сосредоточением и

---

① Около пяти лет Пу И прожил в СССР, а затем был передан властям Китайской Народной Республики по их просьбе. До 1959 года он содержался в лагере для почетных заключенных вел вольготный образ жизни, позже был амнистирован пекинским правительством, стал депутатом Всекитайского народно-политического консультативного совета, начал работать в ботаническом саду Академии наук КНР и писать свои мемуары. В 1967 году китайская печать сообщила о его смерти.

развертыванием крупных масс войск;

2. Внезапным переходом войск фронтов в наступление ночью и без артподготовки;

3. Сильным первоначальным ударом и участием максимума бронетанковых и механизированных войск в первом эшелоне Забайкальского фронта;

4. Высокими темпами наступления войск фронтов и вследствие этого -созданием огромного котла окружения;

5. Созданием устойчивой системы управления войсками, организованной еще в период подготовки операции;

6. Огромным размахом операции (до 5000 км по фронту и от 200 до 800 км в глубину);

и, повторюсь ещё раз, осуществлена одна из самых крупных в истории перегруппировка войск с запада на восток на расстояние 10–12 тыс. км по единственной Транссибирской железнодорожной магистрали. Каковы же главные итоги Маньчжурской стратегической наступательной операции?

Советские войска за 23 дня боевых действий[①] нанесли японским вооруженным силам самое крупное во Второй мировой войне поражение с наиболее тяжёлыми для противника потерями – свыше 700 тыс. человек, в т.ч. около 84 тыс. погибшими и свыше 640 тыс. пленными (из них 148 японских генерала). Напомню, что советские войска потеряли 12 тысяч человек (0,7%). Это самые минимальные потери для стратегической операции такого масштаба (всего участвовало с двух сторон более 2,7 млн человек).

В результате операции стратегические цели войны были достигнуты в самом её начале. Военная стратегия обогатилась опытом подготовки и проведения крупной операции в условиях горно-таежного

---

① Союзники СССР по антигитлеровской коалиции, несмотря на атомные бомбардировки Хиросимы (6 августа) и Нагасаки (9 августа), рассчитывали добиться капитуляции Японии лишь через 1-1,5 года войны.

и пустынно-степного театра военных действий.

Одним из главных итогов советско-японской войны стало освобождение Китая и Кореи от многолетней японской экспансии. Давние добрососедские советско-китайские отношения[①] серьезно упрочились фактом освобождения советскими войсками значительной территории Китая. Еще с августа 1937 года, когда был заключён советско-китайский договор о ненападении, СССР стал оказывать Китаю военную и материальную помощь в борьбе с японским оккупационным режимом. В Китай были направлены советские военные специалисты (в начале 1939 г. свыше 3,5 тыс. чел.). В этот период более 200 советских лётчиков погибли в боях за свободу китайского народа.

Вторая волна помощи СССР пришлась как раз на советско-японскую войну. Это тоже был сложный период, так как в Китае по-прежнему существовали по сути два государства. Однако мудрость китайской нации возобладала, и непримиримые соперники объединили свои усилия против общего внешнего врага.

14 августа 1945 года в Москве был подписан Договор о дружбе и союзе между СССР и Китаем. Договор зафиксировал желание сторон укрепить дружественные отношения путем союза и добрососедского послевоенного сотрудничества, предусматривал оказание взаимной помощи и поддержки в совместной войне против Японии.

А в дальнейшем, уже после окончания Народно-освободительной войны 1946-49 гг. в Китае и провозглашения 1 ноября 1949 г. Китайской Народной Республики, 14 февраля 1950 г. был подписан Договор о дружбе, союзе и взаимопомощи между СССР и КНР сроком на 30 лет.

История отношений между нашими странами подтверждает непреложную истину – в мире и добрососедстве жить всегда лучше, выгоднее и безопаснее. Что и подтверждает сегодняшняя

---

① В мае 1924 г. подписано первое советско-китайское соглашение, по которому устанавливались дипломатические отношения.

действительность.

Заслуживает величайшего уважения и бережное отношение китайского руководства и всего народа к своей истории. Историю сегодня изменить нельзя и нет никакой необходимости. Необходимо лишь извлекать из истории уроки и не повторять ошибок.

Каждый очередной год нас отдаляет от тех знаменательных событий. Сегодня, в год 70-летия Победы советского народа в Великой Отечественной войне и окончания Второй мировой войны Вооруженные Силы России находятся на новом этапе своего развития, который отличается сложностью международной обстановки, социальной и экономической напряженностью и драматизмом событий. Но хочется верить, что бесценный опыт, приобретенный в сражениях на Дальнем Востоке, не только не будет забыт, а напротив, будет творчески применяться в ходе боевой подготовки Вооруженных Сил Российской Федерации и в ходе укрепления российско-китайского сотрудничества во всех сферах, в том числе и военной.

# 苏联在第二次世界大战中的作用
# 及当前学界的争论

吴恩远[①]

　　当前国际上围绕第二次世界大战的起点、进程和结果等各种问题展开激烈争论。关于苏联在第二次世界大战中的作用，无疑是学术界当前最大的争论。中国国家主席习近平多次谈到不容许否定第二次世界大战结果，俄罗斯总统普京在2014年1月16日会见俄罗斯国家历史教科书修改委员会成员和11月5日在俄罗斯现代历史博物馆会见青年历史学家时，也数次谈到对第二次世界大战进程中一些重大历史事件的评价。说明关于第二次世界大战的历史已经不仅仅是一个学术问题，它对当前国际局势发展具有重大现实意义。

## 一、谁发动了第二次世界大战？

　　1. 德、日、意法西斯帝国发动了第二次世界大战，这本来是一个毫无争议的问题，但近年来有人提出是苏联和斯大林发动了第二次世界大战。其中以俄罗斯著名作家弗·苏沃洛夫为代表。他的主要论点是：苏联在并无外来威胁下挑起了军备竞赛和组织军事行动，德国被迫在1941年夏发动进攻是为了破坏苏联方面打算进攻德国的计划。他认为：首先，在20世纪20—30年代苏联已在大规模发展军火工业，而当时希特勒尚未上台掌权，不存在来自德国的威胁。其次，在

---

　　① 吴恩远：中国社会科学院俄罗斯、东欧中亚研究所前所长、研究员。

1940年夏时并没有谁威胁苏联，而苏联却进行了战争动员。苏沃洛夫说："谁第一个开始了动员、集中军事力量和制定战役计划，谁就是打第一枪的人"。[①]

其实早在希特勒掌权之前，德国已开始制定向东方扩张的计划；法国沦亡后希特勒即着手制定进攻苏联的计划。1925年，苏联武装力量裁减了100万人，是当时世界上按居民人数计算军人所占比例最少的国家之一，因此不存在苏联扩军备战问题。德军早在1940年7月31日就作出了准备进攻苏联的政治决定。苏联此时才被迫进行战争动员，如建立一系列军事机构，在苏军南部集团建立山地师和空降部队，筹建第二预备队，重新调配部队，组织铁路运输计划等。甚而应当说，在战前这类事情是做得太少了，否则，怎么会有苏联在面对德国侵略之初的暂时失利？所以，斯大林当时并没有为了先打击德国而进行战争总动员。[②]

2. 还有一种观点：认为1939年8月23日苏联外长莫洛托夫和德国外长里宾特洛甫签订的《苏德互不侵犯条约》，似乎由于它导致苏联瓜分了波兰，有人据此认为是"苏联、斯大林发动了第二次世界大战"。

2009年3月18日，欧洲议会在布鲁塞尔总部大厦内举行了"欧洲良知和极权罪行"的听证会。4月2日，布鲁塞尔全体大会上投票通过了"关于欧洲良知和极权主义"的决议，提议在全欧洲范围将8月23日定为所有的极权主义和专制政权受害者纪念日，以表达对人类尊严与公正的纪念。

2015年4月9日，乌克兰政府通过《二战战胜纳粹纪念日》法案认定，"战争是由两种极权制度——纳粹制度和共产主义制度挑起的。"

应当如何评价《苏德互不侵犯条约》？普京总统对此有一个解释。普京说：第一，由于当时苏联不想立即与德国开战，签订了这

---

① [俄]弗·苏沃洛夫：《谁发动了第二次世界大战？》，莫斯科1993年版；《斯大林发动了第二次世界大战》，载[俄]1993年1月16日《消息报》。

② [俄]阿·加列夫：《再谈1941年斯大林是否给德国首先打击的问题》，[俄]《近现代史》1994年第2期。

个条约。难道苏联不想打仗就像一些人所说是干了坏事？第二，苏联也知道与德国的战争不可避免，所以不惜一切代价（包括签订苏德条约）拖延战争爆发，因为需要时间使苏联军队装备实现现代化：它需要生产后来被称为"喀秋莎"的齐射火炮；需要生产新型的 T–34 坦克，而且不是一点点，要能具备成建制装备苏军的上千万计的坦克大炮。那时候哪怕能够延长一个月、能够延长一天的时间都是宝贵的。所以《苏德互不侵犯条约》也是对西方国家与法西斯德国搞"绥靖主义"的回应。

至于苏军根据苏德条约秘密协定进攻波兰，这在道义上是应当受到谴责的，就是说无论你有着怎样正当的理由，进攻一个主权国家也是属于侵略行为。但分析一个事情必须结合事件发生的原因和全部结果，不能单独强调某一方面。还要看到，二战中苏军帮助波兰人民打败法西斯，使波兰重新成为独立主权国家，并且补偿了波兰土地。

因此普京把这称之为"苏联领导人战前的积极活动"并要求应以"正确的观点"给以评价。至于对"那些完全出于政治目的对苏德条约的评价"，普京称之为是"无聊的空谈"，这是有一定道理的。[①]

第二次世界大战发动的根本原因，在于德、日、意等法西斯军国主义国家为了争夺世界霸权而主动挑起的。随着法西斯战争策源地在欧洲和亚洲的形成，战争逐渐爆发。因此，大战爆发的时间最早可以追溯到1931年日本对中国的侵略。正如俄罗斯科学院院士季塔连科指出："这场战争不是开始在1939年9月法西斯德国袭击波兰，最早是在1931年日本占领中国东北……中国人民大规模抗日战争实际上是第二次世界大战的开始。"所以那种认为是斯大林、苏联发动了二次大战的论点纯属主观臆断，不是别有用心就是荒谬绝伦。

---

① 《Президент России》, 5 ноября 2014 года.

## 二、苏联体制和斯大林在苏联卫国战争中的作用

### （一）认为苏联卫国战争胜利主要是人民打赢的，与谁在领导没有关系

当前学界围绕苏联体制和斯大林在苏联卫国战争中的作用争论很大。正如俄罗斯著名学者、科学院院士、原莫斯科大学历史系主任尤里·库库什金写道：苏联解体以来，"关于卫国战争的大量著作较少涉及苏联最高军事指挥部的活动，这样关于战争的总体情况就是不完整的。更为遗憾的是还出现大批歪曲历史真相、特别是歪曲最高统帅部活动的反科学的所谓学术著作，集中在对苏联军事力量的最高统帅斯大林进行残酷无情的攻击。如他们提出战争的胜利并不是遵循斯大林的领导、恰恰是违背他的领导取得的"。①

苏联著名元帅朱可夫完全不赞同这个看法。他说道："斯大林在战争期间一人兼五职：除最高统帅外，还担任苏共中央总书记、苏联人民委员会主席、国防委员会主席、国防人民委员。他经常紧张地工作，每昼夜达15、16小时……我可以肯定地说：斯大林通晓组织方面军和方面军群战役的基本原则，并且熟练地组织了这类战役……他是当之无愧的最高统帅。"②

此外，应当充分肯定斯大林在卫国战争中无论从战役计划的制定、战斗力量的调配，到武器生产、后勤运输的组织以及协调反法西斯联盟各国的军事政治行动等苏联国内和国外一系列活动中，为战胜德国法西斯、赢得最后胜利所作出的巨大贡献，包括起用了朱可夫（在斯大林格勒战役中被任命为最高统帅部副统帅并晋升为苏联元帅）、华西列夫斯基（在斯大林格勒战役期间被任命为总参谋长和苏联副国防人民委员）等一批红军优秀指挥员。

① [俄]布·索洛维约夫，弗·苏霍杰耶夫：《统帅斯大林》，莫斯科2002年版。
② [俄]朱可夫：《战争回忆录》，解放军出版社2003年版，第340、341页。

2010年5月7日，俄共中央主席久加诺夫发表题为《请了解自己的历史并尊重它》的讲话。久加诺夫说："斯大林领导国家近30年。他把一个只有犁的国家，按丘吉尔的说法，改造成一个拥有原子武器的国家。斯大林接手国家时，工业崩溃，军队逃亡，一半人口为文盲，只经过19年的时间，到第二次世界大战，国家就有了长足发展，成为一个强大的、拥有现代化工业和普及教育的国家。如果说第一次俄日战争时80%的人是文盲，那么到了1941年，所有的官兵们都能识文断字。这是斯大林的贡献。""战争年代，斯大林连续五年担任四个主要职务——国家元首、总理、国防部长（国防部人民委员）和最高指挥官。没有斯大林就不会有任何一场战役，因为每场战役都必须由斯大林签署。没有斯大林，与后方相关的任何问题也不会得到解决。"他认为，当人们只抓住某些个别事件评价斯大林时，一方面是不对的，另一方面完全失之客观。近年来俄罗斯一直有人企图完全改写历史，而现在的俄联邦政权，除了列宁奠定的，没有另外的合法性基础；现行的"俄罗斯是一个伟大的强国"的国际立场，也是斯大林通过一系列条约界定的。因此，将苏联贴上"极权主义"的标签，就是将苏维埃体制与纳粹主义混为一谈。

**（二）认为二战的胜利与当时的苏联体制没有关系**

实践证明：从1928年到1941年，在苏共领导下，苏联充分发挥当时社会主义体制调动一切的优越性，先后进行了三个五年计划的建设，基本完成了社会主义工业化的任务，工业化程度大大提高。第二个五年计划末，苏联工业生产水平较1913年增长了8.2倍。革命前的俄国工业产值仅占世界份额的2.6%，而此时苏联工业产值已经达到全世界的13.7%，1937年工业产值已占到整个国民经济的77.4%；工业生产水平由1913年的世界第5位和欧洲第4位跃为世界第2和欧洲第1位。同时建立起比较完整的工业体系，建立起一些新的工业部门，如重型机器制造、汽车和拖拉机制造、大型军事工业与航空工业、机床、仪表等，苏联成为当时世界上少数几个能够生产全部工业产品的国家。国家整体经济实力和国力大幅提升。

强大的工业为打败德国法西斯、捍卫国家主权和独立奠定雄厚基础，从根本上讲维护了苏联人民的基本生存权，因而得到人民的拥护。俄罗斯科学院乌拉尔分院副院长阿列克谢耶夫院士指出，"斯大林明白如何将俄罗斯推向现代化和完成现代化，他提出了这个任务，也找到了这条道路。苏联在工业化进程中取得的成绩就是具体证明。俄罗斯正是在斯大林领导下融进了世界现代化总进程"。

我们注意到普京总统对此很有意思的表述。他说："如果当时的（苏维埃）政权不是那样严酷，而是处于沙皇尼古拉二世时期，我们能够赢得战争的胜利吗？肯定不可能。而如果我们输掉这场战争，后果将是灾难性的，斯拉夫民族将从肉体上被消灭，不仅俄罗斯人，犹太人、吉普赛人、波兰人等等都将被消灭。"

的确，在"严酷的"体制下，社会一般要承受更大的代价，包括政治、经济等各个方面。但正如普京总统指出：对某些历史事件所付出代价的评估，如彼得大帝改革的代价、伟大卫国战争代价的评估当然是重要的，但更为重要的是看到这些事件的后果和影响。就是说，尽管付出了，但取得胜利了。

## 三、关于维护第二次世界大战成果

在第二次世界大战进程中，中、苏、美、英等同盟国签订了对战后世界秩序安排和对法西斯国家如何处置的《开罗宣言》《波茨坦公告》等协定。这是全世界反法西斯战线取得的重大成果。

日本必须归还其所夺得或占领之别国领土。盟国对日本掠夺的领土问题作出了几条明确规定：日本必须归还其"从一九一四年第一次世界大战开始后在太平洋上所夺得或占领之一切岛屿"，包括从中国、苏联、朝鲜、韩国等各国掠夺的土地。

**中国钓鱼岛**

《波茨坦公告》限定了日本的领土范围，第八条的附属协议，即《联合国盟军最高司令部训令第677号》明确规定了日本版图的范围，即"日本的四个主要岛屿（北海道、本州、四国、九州）及包括对马诸岛、北纬30度以北的琉球诸岛的约1000个邻近小岛"。很明显，当时划定的日本领土不包括钓鱼岛群岛（钓鱼岛群岛最北的黄尾屿的坐标为北纬25°56′，远在北纬30度以南）。必须指出，当年日本政府受降时，以及1972年中日建交时两国政府的联合声明，日本均表示"坚持和遵循《波茨坦公告》第八条的立场"。

**俄罗斯南千岛群岛（日本称北方四岛）**

在1904年的日俄战争中，日本利用俄国战败的机会，在《朴茨茅次条约》中从俄罗斯手中夺取了萨哈林岛南部部分。

1945年在签订《雅尔塔协议》时，苏联明确要求把萨哈林等岛屿的归还作为它参与对日作战的条件。该协议写道："在1904年，由于日本背信弃义地攻击而侵犯的俄罗斯的权利必须交还，即：库页岛南部连同与之相连的全部岛屿必须还给苏联。"

1951年，在美国旧金山签订的《旧金山和平条约》第二条第三款规定："日本放弃对千岛群岛、1905年9月5日获得之库页岛(南桦太)部分，以及邻近各岛屿的一切权利、权利名义与要求。"

日本是在条约上签了字的，这就确定了苏联拥有萨哈林岛和千岛群岛（自然包括南千岛群岛，即北方四岛）的主权。

**韩国独岛**

韩国一直认为从公元6世纪起已经拥有独岛主权，而日本仅仅在1905年才以独岛为"无主地"编入其领土。那个时候，由于中国在甲午海战中的失败，在《马关条约》中被迫承认朝鲜独立，朝鲜实际上早就沦为日本的殖民地。

1946年1月29日，联合国最高司令官总司令部发表了有关从政治和行政上分离日本若干周边区域的决定书（通称SCAPIN第677号），该决定书的第3条明确规定把独岛与日本本土土地分离，移送给了驻韩美军政府管辖。同年6月22日，在盟军最高司令部训令（SCAPIN）第1033号第3项中又作了进一步规定："今后日本的船舶及乘务员不得接近处于北纬37°15′、东经131°53′的Liancourt Rocks（独岛，竹岛）12海里以内区域，并且对于同岛不得进行任何形式的接近。"1948年8月15日随着大韩民国政府的建立，独岛与其他领土一同自动地归于大韩民国政府，并由大韩民国政府行使主权。

从以上叙述可以清楚地看到：日本在二战前从中、俄、韩三国夺取的这些领土，根据二战中有关协议必须归还。但现在的日本政府及右翼势力却以种种理由否定二战协议，造成与上述国家旷日持久的领土争端。

## 四、苏联与东欧国家关系

近年来，东欧一些国家出现否定第二次世界大战的潮流，集中在否定二战后期苏联出兵进入东欧国家的行动，苏联不再被称之为"解放者"，而被称之为"占领者"；认为苏军仅仅是把它们从一个独裁者手里交到另一个独裁者手里。《欧洲安全和合作组织》通过决议：认为斯大林体制与纳粹主义是完全一样的……

因此，在东欧国家出现大批摧毁苏军解放纪念碑等现象。在乌兹别克斯坦、阿塞拜疆、拉脱维亚、立陶宛、爱沙尼亚、格鲁吉亚、乌克兰、保加利亚等地都发生了一系列捣毁苏军纪念碑事件。

这是对历史的污蔑，更是对当年牺牲英灵的亵渎。

当年德、日、意法西斯发动战争的明确目的就是企图扩张势力范围，奴役世界人民。希特勒把以战争夺取德国人的"生存空间"、侵占他国领土作为"基本国策"；墨索里尼叫嚣要恢复"古罗马帝国"；日本军国主义的"北上"、"南进"计划，等等，都赤裸裸地向世人宣告他们夺取世界霸权的目标。所以，第二次世界大战是侵略与反侵略、占领与反占领的战争，是人类文明与野蛮、进步与倒退之间的生死大决战。二战后的世界历史进程证明：那些当年摆脱了法西斯占领的国家、包括被苏军解放的国家都走上了民族独立和发展的道路。普京总统特别批判了那种认为第二次世界大战的结果使东欧国家陷入斯大林体制的黑暗笼罩下的论调。他说，如果德国法西斯在这些国家胜利了，那会出现什么样的后果？可以说某些国家将会不存在了。今天特别需要做的是，要做到以最为客观的态度评价历史。当然，不是说苏军在解放这些国家的一切行动中都无可指责，但重要的是分清主流和枝节的关系，首先肯定苏军对解放这些国家的重大贡献。

# 第二部分：
# 世界反法西斯战争胜利后国际秩序的演变

# 战后国际秩序面临的挑战及应对

钱文荣①

今天我们在这里举行纪念世界反法西斯战争胜利70周年的研讨会，具有十分重要的现实意义。

二战胜利所留下的最宝贵遗产，就是在战争结束前夕先后发表的《开罗宣言》和《波茨坦公告》等几个国际文书基础上建立的以《联合国宪章》为最高国际准则的战后国际秩序。虽然这个《宪章》的制订还是更多地反映了西方的价值观，但总体上汲取了国联失败和二次大战的教训，基本上体现了国际社会和人民渴望建立一个持久和平的世界的要求。今天来看，它的宗旨和原则仍然是正确的，正如2000年联合国千年首脑会议发表的《千年宣言》中所说：《联合国宪章》各项宗旨和原则"是永不过时的，是普遍适用的"。《宪章》规定的采取有效集体办法维护国际和平与安全、各会员国主权平等、以和平方法解决国际争端和不干涉内政等，均已成为公认的国际法准则，是战后国际新秩序的基准。

令人遗憾的是，二战胜利还不到一年，美国为首的西方国家就发动了打着"遏制共产主义"的口号实质以反苏、反共为目标的冷战。随后，美苏两个超级大国争霸，加剧了冷战，并将其延续了四十多年之久。期间，美国在亚洲先后发动了朝鲜战争和越南战争。冷战结束后，美国成了唯一超级大国，更是肆无忌惮，它又接连发动了六场大规模的局部战争——海湾战争、波黑战争、科索沃战争、阿富汗战争、伊拉克战争和利比亚战争，把一个来之不易的

---

① 钱文荣：新华社世界问题研究中心研究员。

战后国际秩序搞得乱七八糟。冷战结束以来，这个超级大国还到处制造形形色色的"颜色革命"和"政权更迭"，妄图建立美国治下的单极世界。近年来，他们又利用自己一手制造的乌克兰危机，再次挑起了东西方对抗。

在东亚，虽然美国在战后初期曾一度按照上述国际文件精神，为日本制定了一部新宪法，规定日本不得拥有军队、国家交战权，因而被人们称之为"和平宪法"。但是，不久美国政府出于反苏、反共的需要，把对日本的遏制政策改为扶植政策，把《开罗宣言》《波茨坦公告》和《联合国宪章》抛到九霄云外。从20世纪50年代初美国就开始一步步地重新武装日本，致使日本自卫队至今已发展为一支军力远超其自卫需要、在装备上已超过日本发动侵华战争和太平洋战争时水平的现代化军队。近些年来，为了遏制中国、俄罗斯等新兴大国的崛起，美国更是大力鼓励和支持日本扩张军备，要求日本在亚洲乃至全球安全领域"发挥更大作用"，鼓励和支持日本右翼势力修改"和平宪法"和解禁集体自卫权，最近又修订了《美日防卫合作指针》，把美日联盟从"专守（日本）本土"和"周边事态"变成一个在全球范围内共同进行军事行动的机制。在冷战已经终结二十多年的今天，如此强化军事同盟不仅违背时代潮流，而且将使一个迄今仍顽固拒绝承认侵略历史和侵略罪行的日本成为一个依靠美国来实现野心的更强势的国家。最近，安倍竟然拒绝承认敦促日本无条件投降的《波茨坦公告》，并在内阁通过了新国家安全法，确定日本将可随时向海外派兵。日本《朝日新闻》称它实际是一部"战争法"，无疑是在破坏战后国际秩序，给亚太和全球带来更加的不稳定和不安全，进一步破坏以《联合国宪章》为基础上的战后国际秩序。饱受日本军国主义之害的亚洲各国人民，尤其是东亚地区的人民不能不为此深感忧虑。

上述这些正是当前国际社会面临的最大、最危险的挑战。全世界人民应该携起手来，捍卫反法西斯战争的胜利成果，维护在《联合国宪章》基础上建立的战后国际秩序，创造一个持久和平和繁荣的未来。俄罗斯是世界反法西斯战争的欧洲主战场，中国是亚洲主战场，做出的牺牲也最大。因此我们两国更应紧密团结在一起，坚决维护二战胜利成果。

为此，我们必须汲取反法西斯战争留给我们的血的教训，采取实际行动，才能使世界各国人民避免"再遭惨不堪言之战祸"。

这些教训就是：

第一，法西斯主义和军国主义是战争的根源，必须坚决反对和防止它死灰复燃。

法西斯主义和军国主义的根本属性就是战争。德国纳粹和日本军国主义的侵略扩张是第二次世界大战的直接根源。但是，时至今日，法西斯主义和军国主义并未从世界上彻底根除。在日本、意大利、德国和美国等数十个西方国家，存在着新法西斯主义和新军国主义势力的活动。特别是安倍之类的日本一群极右翼分子和极端民族主义分子一直在企图复活日本军国主义，如今愈来愈猖獗。世界各国政府和人民一定要高度警惕，决不容许法西斯主义、军国主义死灰复燃，卷土重来，决不容许历史悲剧重演。

第二，"绥靖主义"是一种纵容侵略、挑拨战争、扩大战争的政策，必须坚决反对，才能制止法西斯主义和军国主义的绥靖主义东山再起。

第二次世界大战的教训之一是美英等列强为了自身利益以牺牲别国为代价，采取了同德国法西斯和日本军国主义进行勾结和妥协的绥靖主义政策。

在欧洲，英法两国在美国支持下于1938年9月策划了慕尼黑会议和《慕尼黑协定》。在东方，1931年日本军国主义者挑起"九一八事变"，侵占中国东北三省。美、英、法等国控制的国联不但没有对日本进行任何制裁，还再三拒绝宣布日本为侵略国，实际是支持和纵容日本的侵略。1937年7月7日，日本发动全面侵华战争，开始时美国等西方列强同样予以容忍，还曾策划太平洋国际会议，阴谋出卖中国，这就是臭名昭著的所谓"东方慕尼黑"。然而，这种做法实质上纵容了日本的侵略行径，也未能阻止日本军国主义大规模空袭美国珍珠港和太平洋战争的爆发。

遗憾的是，绥靖主义政策的阴魂时至今天依然在世界各地游荡，战后美国对日本的政策就是一个现实例子。战后日本的军国主义思想沉渣泛起，越来越猖獗。如今日本一群极右势力竟敢公然否定侵略罪行、质疑远东军事法庭的审判、解禁集体自卫权、大肆扩军备战。这在相当程度上也是美国战后对日采取实质上的绥靖主义政策的结果。因此，今天再次强调反对新的绥靖主义政策，对维护战后国际秩序仍具有重要的现实意义。

第三，局部战争往往是大规模战争的前兆，必须及时制止局部战争，防止其演变为大规模战争乃至世界大战。

一战是从巴尔干半岛燃起而酿成世界大战的，这是欧洲几个帝国主义国家借着奥匈帝国皇储在萨拉热窝被刺杀之机争夺地区霸权的结果。同样，第二次世界大战是由日、德、意法西斯首先发动局部侵略战争，然后逐步升级演变而成的。二战结束70年来，虽然新的世界大战没有发生，但局部战争和地区冲突从未停止过，其中的大多数都是由西方大国直接挑起或在背后插手和操纵的，尤其是几场大规模的局部战争更如此。当今虽然发生大国间全面战争的可能性大大减少，但不能完全排除因擦枪走火而演变成局部战争的可能性。因此，国际社会必须充分认识和高度重视局部战争和地区冲突的潜在危险性，坚决反对和及时果断地制止局部冲突。联合国在这方面应该发挥核心作用。十分遗憾的是，如今在以美国为首西方霸权政治和强权政治的操纵下，联合国在这方面发挥的作用极为有限。

第四，极端民族主义是法西斯主义和军国主义的思想根源，必须坚决反对极端民族主义，消除发动战争的思想根源。

德日两国法西斯主义的共同点是以种族主义为核心的极端民族主义。极端民族主义是法西斯主义和军国主义的思想根源。极端民族主义发展到顶峰的表现形式，就是从其他国家手中夺取希特勒提出的所谓"生存空间"。希特勒极力鼓吹：雅利安人"是世界上最优秀的民族，我们的使命就是要统治其他民族"。同样，日本军国主义者也一直宣扬"大和民族是世界上最优秀民族"，认为大和民族对其他民族来说，理所当然地处于领导地位。提出建立以日本为盟主的大东亚洲联盟的，就是臭名昭著的日本极端民族主义者、二级战犯大川周明。

战后，日本的极端民族主义以一种新民族主义的形式出现。日本新民族主义的象征是靖国神社，其主要特征是否定侵略历史和罪行，修改"和平宪法"。这种极端民族主义对国际和平与安全危害极大。英国《卫报》指出，安倍的新民族主义是在"为军国主义招魂"，"或复辟日本帝国主义"，"将使东亚的政治局势变得比以往更加不稳定"。我们必须坚决反对形形色色的极端民族主义，如果任其泛滥，将带来新的战争祸害。

第五，维护战后国际秩序是国际社会的共同任务，联合国负有重要责任。

当前动荡不定的国际局势特别是西方一手制造的乌克兰危机及日本极右势力越来越猖狂的态势表明，捍卫世界反法西斯战争胜利成果和维护战后国际秩序，显得更加迫切。它不只是参加反法西斯战争的同盟国的任务，更不仅仅是二战中受害最深的那些国家的责任，而是国际社会的共同任务。

首先，我们应该共同维护《开罗宣言》《波茨坦公告》等国际法律文书关于战后对战败国的一切处置决定安排，包括彻底归还被法西斯主义和军国主义者侵占的所有他国领土；必须共同反对一切否定侵略历史和战争罪行以及妄图复活法西斯主义和军国主义的言行。

其次，必须坚决履行《联合国宪章》的宗旨和原则，践行和平共处五项原则，做到习近平主席提出的"六个坚持"，即坚持主权平等、共同安全、共同发展、合作共赢、包容互鉴、公平正义。为此，国际社会应该坚决反对那些破坏战后国际秩序的霸权主义、强权政治、单边主义和军事同盟政治，反对一切干涉他国内政的言行。只有这样，我们才能有一个真正和平、平等和繁荣的世界。

# 战后国际秩序的演变及其影响

万成才①

很高兴与远道而来的俄罗斯朋友们共同探讨如何维护二战胜利成果、寻求持久和平的途径。我发言的题目是《战后国际秩序的演变及其影响》。

第一，战后国际秩序，指的是建立在以《联合国宪章》为最高国际行为准则的国际秩序，而不是美国要建立的在其强权政治和霸权主义基础上的国际秩序。应坚决维护前者，坚决反对后者。

联合国成立以来的活动尽管不尽人意，但《联合国宪章》确定的宗旨是维护世界各地的和平，发展国家之间的友好关系，帮助各国共同发展，尊重彼此的权利和自由。《联合国宪章》为处理国际关系制定的这些规则，一直是战后各国应遵循的行为准则，可以说是国际宪法，联合国成立后通过的第一个决议的主要关注点就是和平利用原子能和消除原子能武器及其他大规模杀伤性武器，以后又通过了其他文件，这些文件对维护世界和平、进步和发展都发挥了重大作用。

特别值得强调的是，中、俄、美对联合国的成立和宪章的制定作出了自己的重大贡献。中国国共两党代表组成的中国代表团参加了联合国成立大会。沿用至今的《联合国国歌》是由美国著名进步诗人罗梅创作的，而曲子沿用的是苏联1932年发行的故事片《相逢》的主题歌《相逢之歌》的曲子。这首《联合国国歌》实际上是赞美和平、自由和新世界的散文诗，它崇尚和平的精神应永存。

第二，《联合国宪章》及其准则和建立在此基础上的战后国际秩

---

① 万成才：新华社世界问题研究中心研究员，前莫斯科分社社长。

序正遭受破坏，维护二战胜利成果的任务比以前任何时候都更迫切更艰巨。中俄应再次并肩而行。

战后国际秩序正遭破坏表现在各个方面。战后美国立即同昔日的敌国组成军事政治集团来对昔日的盟国发动冷战，在冷战后，继续利用这些军事政治集团来为自己称霸全球的战略服务，在世界各地，尤其在中俄周边制造所谓"可控冲突"，破坏地区的稳定与和平，阻滞中国崛起，阻挠俄罗斯复兴。

美国对联合国持机会主义立场，能利用则利用，不能利用就撇开联合国单干，另行拼凑所谓临时同盟来为其战略服务，未经联合国授权向别国发动不义之战。

美国利用所谓"人权高于主权"的口号来干涉他国内政，搞建立亲美政权为目的的"颜色革命"。不干涉他国内政是联合国确立的七项原则之一，但美国至今仍扬言还要领导世界一百年。连中小国家都要独立自立，而人口是美国四倍多的中国、领土是美国两倍多的俄罗斯会听命于美国吗？美国要领导包括中国和俄罗斯在内的全世界，是为了中国和俄罗斯以及其他各国吗？

无论在欧洲，还是亚洲，都有势力要歪曲、否定二战历史，企图复活法西斯主义和军国主义。在东欧有人把解放他们的苏联军队称之为"占领军"，摧毁烈士纪念碑。在日本，不仅社会上，而且当权人士至今都不认罪不道歉，还粉饰自己对和平作出的"贡献"。更为危险的是，在他们背后都有同一个影子在作祟，就是有美国的支持。

面对新的复杂局面，中俄应该再次并肩而行，共同维护二战胜利成果。中俄共同纪念二战胜利70周年，两国元首到对方参加庆典，意义重大。它向世界表明，中俄是当今维护世界和平的中坚力量。

第三，二战结束70年了，世界局势发生了巨大变化，联合国需要改革，但改革的原则应该是提高联合国运作效率，扩大发展中国家的代表权。

二战发动侵略的国家在未真正认罪和未悔改之前不能担任联合国安理会常任理事国，即使不享有否决权也不能，就是说，从原则上讲，现在的日本无权入常。在中日领土问题、俄日领土问题、韩日领土问题和日本侵略历史问题未彻底解决之前决不能允许日本入常。这应成为联合国改革的底线。日本正力求从经济大国向政治大国和军事大国转变，其对外矛头不仅直指中国，也针对俄罗斯，甚至对美国都将是很大的危险。日本不服输的劲头一直存在，正在膨胀。它甚至在苏联解体之日就曾谋求取代苏联成为联合国安理会常任理事国，时任苏联驻联合国代表沃龙佐夫得悉日本的用意后感觉形势不妙，于是，立即要求联合国大会主席把联合国成员国表格和座席上的名称从苏联改为俄罗斯，但时任联大主席却不予理睬。于是，他又立即致信联合国海牙法院，要求俄罗斯自动继承苏联在联合国安理会的席位。幸好，海牙法院迅速接纳了这一意见。日本取而代之的图谋才未得逞。如果日本在安理会增强了自己的地位，将对东亚和世界的和平制造麻烦。因为日本谋求将在它认为需要时派其军队到世界各地区参与军事行动。

第四，中国在亚洲主战场的作用应得到充分肯定。

二战胜利无疑是全人类的胜利，但具体到中国来说，作为战胜国当时远没有收获到应有的权利，而作为亚洲主场战的作用也未得到充分肯定，留下的不良后果至今还令国人不安。德黑兰会议和雅尔塔会议一方面对协商抗战起到了重大作用，另一方面也是背着中国把战胜国的中国作为划分势力范围的对象。

二战中有三大战场：欧洲战场、北非战场、亚太战场。迄今，最受肯定的是欧洲战场，最不受充分肯定的是亚太战场中的中国战场。在苏联和今日俄罗斯领导人口中和学者笔下关于苏德战场，一致肯定苏联在打败德国法西斯中起了"决定性作用"，因为二战转折点是斯大林格勒战役，苏联军队解放了整个东欧、首先占领希特勒德国首都柏林，三个月后挥师中国东北和朝鲜。二战后，"5·9"胜利日一直成为最隆重的全民节日，也是今天俄罗斯最隆重的节日。指挥战争的军事统帅们家喻户晓，遭批判数十年的斯大林的作用至今也备受尊崇。欧美领导人口中和学者笔下谈起二战，着眼于诺曼底登陆后的欧洲战场和珍珠港事件后的太平洋战场、给日本扔下的两颗原子弹对胜利起了"决定性作用"。领导欧洲抗战的罗斯福、丘吉尔、戴高乐以及战场指挥官艾森豪威尔、巴顿将军以及指挥太平洋战争的麦克阿瑟都享誉世界。但中国抗战的重大意义和巨大贡献至今还未被世界充分认识，中国几乎无抗战名将为世界公众所知晓。这种情况部分原因是中国抗战的特殊性和战后国内形势演变所致，但世界确实也很少了解中国人民在这场战争中作出的贡献。现在应实事求是地充分肯定中国为二战胜利作出的巨大牺牲和巨大贡献。国共两党为主体领导的全民抗战至今仍有深远的现实意义和历史意义。

中国是开始抗战最早的国家和抗战持续时间最长的国家。从1931年"九一八"事变起抗战14年，从1937年"七七事变"算起也有8年；美国抗战从珍珠港事件算起仅4年，苏联从1941年6月22日算起也只有4年，苏联出兵中国东北抗日到日本宣布投降仅7天，到签署投降书只25天。

中国一直是抗日的主力，自始至终把日本陆军主力牵制在中国境内，阻止了日本"北上"犯苏，滞后日本"南下"攻美。据中国国防大学罗援教授提供的数字显示，中国1938年牵制日本陆军主力94%，1940年78%；太平洋战争爆发后的1942年和1943年，中国抗击日本陆军的比例也分别高达64%和54%；1945年128.3万日军（不含关东军）向中国投降，为日本海外投降人数最多。在战争期间，中国军民击毙击伤和俘虏155余万日军，中国伤亡高达3500万人，直接间接损失多达6000亿美元。

我们强调中国在二战中做出的突出贡献，并没有丝毫贬低苏美等国对抗战胜利做出贡献的意思。我的意思是说，同时应该肯定中国对抗战胜利也做出了决定性贡献。我认为这样才符合实际，才比较公平。在这方面，俄罗斯学者颇有研究。

# 中俄共同维护二战胜利成果的
# 战略协作意义深远

王海运①

今年以来，中国与俄罗斯围绕维护二战胜利成果展开了一系列联合行动：举办纪念反法西斯战争和抗日战争胜利70周年盛大阅兵式；两国领导人、武装力量和老战士方阵相互出席阅兵式；两国社会各界举办各种纪念活动；国际问题智库举办各种研讨活动；媒体大量载文阐述两国对二战胜利做出的历史贡献。这表明，维护二战胜利成果已经成为中俄战略协作的新领域。中俄在此领域的这种战略协作，不仅对于两国而且对于世界，都具有十分深远的战略意义。

强化中国与俄罗斯作为二战东西方主战场的历史地位，振奋两国民族精神，激发两国民族自豪感，增强两国民族凝聚力。

中国和苏联在战胜德意法西斯和日本军国主义所发动的野蛮侵略战争中都付出了极大的民族牺牲、做出了重大的历史贡献。中国与苏联作为二战东西方主战场的历史地位不容否认。

中国抗击日本侵略的全面战争开始时间最早（1937年），持续时间最长（8年），孤军奋战时间最久（1937年—1941年单枪匹马对日恶战，仅苏联给予一些军事援助，美英只是对日"劝和"，实际是在搞绥靖主义），战况最为惨烈（日军制造了惨绝人寰的南京大屠杀，实行了极为残暴的"三光"政策），军民伤亡最大（3500万人），直接和间接经济损失高达5600亿美元。中国的顽强抗战将2/3的日本陆

---

① 王海运：中国上合组织研究中心高级顾问，上海大学教授，中国驻俄罗斯大使馆前武官。

军兵力牢牢拴在了中国战场上，直接歼灭日军150多万，占到整个战争中日军损失的70%。不仅逼使日本不得不放弃与德国两面夹击苏联的险恶企图，而且迟滞了日军发动太平洋战争的步伐，并且使得日军陆军主力难以投入对美作战。中国军队还直接参加了同盟国对日作战的多次重大战役。

苏联军民在第二次世界大战中的历史贡献早已彪炳史册。特别是苏联红军所进行的多次战略性战役，不仅在人类反侵略战争史上留下了可歌可泣的光辉篇章，而且在世界军事学术史上写下了至今值得研究借鉴的成功战例。例如1941年的莫斯科大会战，是德国法西斯在横扫大半个欧洲、得以调动多国资源的情况下，以突然袭击的方式发动的一次极其疯狂的超大规模进攻，苏联军民在极为艰难的条件下硬是以顽强的抵抗将不可一世的法西斯大军挡在了莫斯科城下。这是自第二次世界大战开始以来德军所遭受到的第一次严重挫折，也是反法西斯阵营取得的首次重大胜利，打破了德军不可战胜的神话，极大地鼓舞了世界人民抗击法西斯侵略的斗志。再如1942年的斯大林格勒保卫战，苏联军民以顽强的抗击、巨大的牺牲取得了大会战的胜利，标志着反法西斯阵营在欧洲战场上由战略防御转入了战略反攻，成为第二次世界大战的战略转折点。柏林战役更是直捣希特勒的老巢，宣告了德国法西斯的彻底覆灭。整个战争中苏联付出了2700万军民伤亡的沉重代价，不仅将德国法西斯赶出了苏联国土，而且从德军铁蹄下解放了大半个欧洲。

主要由于当时中国国力弱小，在同盟国处置日本军国主义的战后安排上中国的权益未能得到充分保障，中国作为东方主战场的历史地位未能得到充分评价。随着冷战爆发，西方大国对苏联在战胜法西斯战争中的杰出贡献也采取了极力抹杀的做法。苏联解体后，西方大国出于挤压俄罗斯战略空间的需要，千方百计否定苏联军民的历史贡献，放纵新纳粹势力抹黑苏联。

历史必须恢复其本来面貌，中俄作为世界反法西斯战争东西方主战场的历史地位必须予以肯定。

中俄共同举办纪念二战胜利70周年系列活动，重要目的之一即是唤起世界人民的历史记忆，彰显中俄两国在那场正义战胜邪恶、光明战胜黑暗、进步战胜反动的战争中的历史功勋。这不仅关系到历史的真实性，而且关系到人类的良知，更关系到世界和平的未来；对于振奋两国民族精神、激发民族自豪感、增强民族凝聚力、抵御外部势力战略挤压、加速国家和平崛起，无疑也具有极其重要的鼓舞作用。

维护二战战胜国所确立的战后和平秩序、抑制新绥靖主义的猖獗，为两国及世界各国21世纪的和平发展营造必要的国际环境。

近年来，在霸权国家的包庇纵容下，欧洲新纳粹势力和日本军国主义势力篡改二战历史的气焰日益嚣张。新纳粹势力甚至将苏联与德国法西斯统称为"占领者、侵略者"。在乌克兰，他们甚至公开打出了纳粹的旗帜。日本军国主义势力对二战战胜国的反攻倒算更是到了肆无忌惮的地步，以安倍晋三为代表的日本右翼势力不仅公开参拜供奉有甲级战犯的靖国神社，拒不承认对东亚国家犯下的侵略、殖民罪行，拒绝履行《波茨坦公告》《开罗宣言》惩治日本法西斯的国际法安排，肆无忌惮地对战胜国领土主权进行反攻倒算，而且企图突破和平宪法和专守防卫的限制，加紧扩军备战，妄图借美国"亚太再平衡"破坏东亚和平秩序、重建东亚霸权。

中俄共同纪念二战胜利70周年，就是要警示世人牢记二战的历史教训、重树正确的二战史观；就是要震慑否定二战侵略历史的邪恶企图、抵制美化法西斯主义和军国主义的卑劣行径；就是要告诫霸权国家，不要为了一己之私而对新纳粹势力和军国主义势力采取绥靖主义，唤起世界人民包括美国有识之士牢记惨痛历史教训，不要颠倒敌友、养虎遗患。需要指出，日本篡改历史、重整军备，绝不是仅仅针对中国，而是针对所有战胜国。日本已经成为东亚和平的危险挑战者，中俄绝不应对日本抱有不切实际的幻想。

中俄共同举办纪念活动，还旨在从本源上厘清何谓二战战胜国所确立的国际秩序。从20世纪40年代末冷战爆发起，出于对抗社会主义阵营的需要，美国即已背信弃义、对日本军国主义势力由惩治清算转为扶植利用，不仅将日本军国主义的精神支柱天皇及导致侵略战争的天皇体制刻意保护起来，而且放弃了对大批日本战犯的惩罚。冷战结束后，为了维护其世界霸权，美国更是不断冲击作为二战胜利主要成果的《联合国宪章》及联合国权威。中俄共同纪念二战胜利70周年，就是要落实二战战胜国对国际秩序的安排，维护联合国安理会在国际安全中的核心地位及《联合国宪章》关于不得侵犯国家主权的国际法基本准则。这对于维护21世纪的世界和平与安全，对于营造中俄及世界各国和平发展所需要的国际环境，都具有至关紧要的战略意义。

重温中俄人民的战斗情谊，增进两国人民的相互认同，为深化两国战略协作和务实合作奠定更加坚实的民意基础。

中苏在第二次世界大战中并肩战斗的历史，是新时期深化中俄全面战略协作伙伴关系的重要基础。

战争中苏联人民曾经给予中国人民极其宝贵的支持。苏联是抗日战争初期与中国签订互不侵犯条约的唯一国家，是在抗日战争最艰难岁月里向中国提供军事装备和贷款援助的唯一国家。苏联还派出2000名飞行员直接参加了中国对日作战，其中200名英烈血洒中国大地。苏联在远东地区的兵力部署，对于日军扩大侵华战争也起到了重要牵制作用。苏联出兵中国东北、给予日本关东军致命一击，对于同盟国战胜日本军国主义的历史作用远远超出美国的两颗原子弹。

同样，中国军民在战争中也给予了苏联军民十分宝贵的支持。中国的顽强抗战对于苏联在苏德战场上的胜利起到了重大战略策应作用，使得苏联避免了东西两线作战的危险，得以从远东地区抽调重兵加强对德作战。中国大量在俄人员更是直接参加了抗击德国法西斯的苏联卫国战争。

鲜血凝成的友谊是最为宝贵的友谊。中俄共同纪念二战胜利70周年，共同回顾两国军民并肩战斗、浴血奋战的历史，对于两国人民相互认同、夯实新时期两国战略协作的民意基础具有重要意义。面对敌对势力对中俄关系的恶意挑拨，中俄更加有必要从历史经验中领悟两国团结协作的战略价值。中俄都面临霸权国家的战略遏制、战略挤压，两国只有联手合作、互为依托，才能有力地抵御霸权压力。中俄共同维护二战战胜国所确立的战后国际法安排及以联合国为中心的国际秩序，对于构建更加公正合理的新型国际秩序同样具有深远战略意义。

综上所述，中国与俄罗斯共同纪念二战胜利70周年具有多方面的战略意义。中俄两国一定要紧密协作，务求打好这一战略性战役，为两国的和平崛起营造有利的国际环境，为世界的持久和平发挥负责任大国的作用。

# Противодействие фальсификации истории Второй мировой войны в контексте современных задач российско-китайского взаимодействия

С. Уянаев [1]

Широкая палитра всеобъемлющего российско-китайского стратегического партнерства охватывает сегодня самые широкие сферы – от конкретных вопросов межгосударственного экономического политического и культурно-гуманитарного взаимодействия до тесного сотрудничества по различным вопросам международной глобальной и региональной политики. Свое важное место среди областей двусторонних связей занимает согласование и координация действий по злободневной сегодня теме – теме защиты исторических итогов II мировой войны от пересмотра, а иногда и открытой фальсификации. Причем значимость такого сотрудничества растет прямо пропорционально участившимся, к сожалению, нападкам, которым подвергается военная история середины прошлого века, прежде всего, со стороны определенных сил в странах Запада.

В чем актуальность поставленного вопроса?

Как очевидно, политика «пересмотра» чревата целым рядом вызовов, рисков и даже угроз. А они, в свою очередь, проистекают из тех опасных целевых задач, которые ставят перед собой инициаторы перекраивания истории.

---

[1]　С. Уянаев: помощник директора ИДВ, руководитель Центра Российско-китайских отношений ИДВ РАН, главный научный сотрудник.

### Что под прицелом ?

Важнейшим итогом II мировой войны явились основы послевоенного мирового устройства, закрепленные рядом признанных международных форумов того периода.

Речь, прежде всего, идет о создании системы Организации Объединенных наций, включая Совет безопасности с правом вето для пяти постоянных членов, которая была призвана стать гарантом международного мира, универсальным инструментом регулирования международных споров.

Становление ООН имело поэтапный характер, соответствовавший нарастающим успехам союзников по антигитлеровской и антияпонской войне, причем важными вехами на этом пути стала не только Вашингтонская конференция (декабрь 1941-январь1942 гг.), впервые зафиксировавшая термин «Объединенные нации»,[1] но и Конференция в Москве (октябрь 1943 Г.), где итоговый совместный документ был принят от имени не только традиционной «тройки» СССР-США-Великобритания, но и Китая.[2] Московская «Декларация четырех государств по вопросу о всеобщей безопасности» провозглашала «необходимость создания в ближайшее время всеобщей международной организации для поддержания мира и безопасности, которая должна быть основана на принципе суверенного равенства всех миролюбивых государств».[3] Позднее основы организации и принципов ООН были согласованы на Конференциях в Думбартон-Оуксе (сентябрь - октябрь

---

[1]　DECLARATION BY UNITED NATIONS- http://www.ibiblio.org/pha/policy/1942/420101a.html

[2]　1 ноября 1943 г. печати был передан для опубликования документ, подписанный накануне Вячеславом Михайловичем Молотовым, Антони Иденом, Корделлом Хэллом и Фу Бин-шяном, китайским послом в Москве. - см..: http://www.un.org/ru/aboutun/history/moscowteheran.shtml

[3]　MOSCOW CONFERENCE,October, 1943.JOINT FOUR-NATION DECLARATION. http://www.ibiblio.org/pha/policy/1943/431000a.html. См. также: А.А. Громыко. История внешней политики СССР 1917-1980 гг. Московская и тегеранская конференции 1943 года. http://society.polbu.ru/gromyko_politics/ch82_iv.html

1944 г.)① и Ялте (февраль 1945 г.),② а еще за два с лишним месяца до окончания Второй мировой (26 июня 1945 г.) в Сан-Франциско делегатами 50 стран был подписан Устав ООН из 111 статей. ③

Нельзя не признать, что, несмотря на компромиссный, а потому не всегда совершенный характер ряда решений, невзирая на назревшую необходимость ее должного реформирования, ООН многие десятилетия в целом достойно несла непростую миссию поддержания международного мира. Более того, и сегодня именно ООН остается наиболее авторитетной универсальной международной организацией, которая с точки зрения коллегиальности и приближения к принципу подлинной демократизации международных отношений сохраняет свою незаменимость, является особенно востребованной в условиях перехода нынешнего мира к многополярному порядку. "Центром регулирования международных отношений и координации мировой политики в XXI веке должна оставаться ООН, которая доказала свою безальтернативность и наделена уникальной легитимностью. Россия поддерживает усилия по укреплению ее центральной и координирующей роли", говорится в Концепции внешней политики РФ.④

Другой важный итог Победы 1945-го – решения по вопросам государственных территорий, в том числе связанные с возвратом государствами-агрессорами территорий, оккупированных в ходе завершившейся и других захватнических войн.

---

① Думбартон-Оукс и Ялта .- http://www.un.org/ru/aboutun/history/dumbarton_yalta.shtml

② См.: Крымская конференция. 4–11 февраля 1945 г. Конференция руководителей трех союзных держав – Советского Союза, Соединенных Штатов Америки и Великобритании в Крыму, Коммюнике, ст. IV. «Конференция Объединенных наций». - http://www.hist.msu.ru/ER/Etext/War_Conf/krim17.htm

③ Конференция в Сан Франциско. -http://un.org/ru/aboutun/history/sanfrancisco_conference.shtml

④ Концепция внешней политики Российской Федерации. *Утверждена Президентом Российской Федерации В.В.Путиным 12 февраля 2013 г.* - http://www.mid.ru/bdomp/ns-osndoc.nsf/e2f289bea620 97f9c325787a0034c255/c32577ca0017434944257b160051bf7f!OpenDocument

Наконец, незыблемым итогом II мировой является признание решающего вклада в разгром сил фашизма и милитаризма главных держав-победителей, в том числе СССР и Китая, включая понесенные ими огромные потери.

Как показывает практика, именно перечисленные результаты «попали под западный прицел», стали главными (наряду с рядом других) объектами нарастающей ревизии и исторического подлога. И это отнюдь не случайно. Достаточно представить даже беглую характеристика тех сил, которые стоят за действиями фальсификаторов.

**Двойной замысел**

Как правило, речь идет о деструктивных силах, которые ныне всячески противятся формированию многополярного миропорядка и заинтересованы в консервации однополярного мира, де-факто сложившегося после распада СССР.

Этим силам мешает не только возрождающаяся Россия, которая на примерах Южной Осетии и Крыма, показала решимость и способность отстаивать свои национальные интересы, но динамично развивающийся Китай, который самим фактом своего роста бросает вызов идеям одностороннего доминирования. Именно РФ и КНР, сотрудничество между которыми является важным фактором многополярного мира, «выносятся» поэтому в фокус западной политики «сдерживания». А ревизия результатов Победы видится в некоторых западных столицах одним из весьма действенных инструментов такой политики. Переписывая «под себя» военное прошлое, эти силы исходят из двуединой задачи – не только принизить место СССР/России и Китая в разгроме фашизма и милитаризма, но и, в не меньшей степени, девальвировать сегодняшние международные позиции России и Китая.

Можно сказать и больше. Фальсификаторы осознают, что для обеих стран подвиг в годы минувшей войны служит мощным фактором внутренней консолидации и патриотического воспитания. Поэтому ставится своего рода задача: вытравить из национального сознания

( прежде всего речь идет о молодежи), ментальный код народа - победителя и , одновременно, подорвать одну из основных опор внутреннего государственного и национального сплочения.

Вот почему умаляется и даже отрицается решающий вклад СССР в разгром нацистской Германии и замалчивается роль Китая на азиатско-тихоокеанском театре, где все заслуги присваиваются вооруженным силам США.

Вот почему, гипертрофируется военные достижения и «миротворческая» миссия западных союзников: тем самым, как очевидно, перебрасывается, своего рода «смысловой мост» в нынешнее время, якобы и сегодня дающий им преимущественное право вершить мировые дела. Последствия такой политики, игнорирующей роль созданной по итогам войны ООН, хорошо известны. Это - примеры бомбардировок Югославии, вторжения в Ирак, западных воздушных ударов в Ливии, попыток свержения легитимного правительства Сирии, разжигания украинского кризиса.

Не случайной на этом фоне выглядит и годами провоцируемая США и их союзниками напряженность, которая, среди прочего, мешает справедливому урегулированию вокруг ряда территориальных вопросов. Это, в частности, касается островных территорий в Охотском и Восточно-Японском морях, хотя подходы к ним достаточно четко были определены союзниками в договоренностях международных конференций II мировой войны, например Ялтинской, Каирской, Потсдамской.

## Отпор фальсификациям как совместная задача

Россия и Китай, которые не только внесли немалый вклад в разгром сил агрессии и диктата во II мировой войне, но и сегодня отстаивают идеи демократического и равноправного миропорядка, являются естественными союзниками в деле защиты исторической правды и справедливости. Для обеих стран подвиг в годы минувшей войны служит мощным фактором внутренней консолидации и патриотического воспитания. Не случайно, еще в 2010 г. стороны провели совместные мероприятия по случаю 65-летия Победы, опубликовав специальное совместное заявление, в котором подчеркивалось, что стороны «решительно осуждают попытки фальсифицировать историю Второй мировой войны, очернить освободителей, а ревизия закрепленных в Уставе ООН ее итогов «чревата возрождением атмосферы враждебности» и «делает тщетным поиск адекватных ответов на стоящие перед миром вызовы и угрозы». Москва и Пекин выразили при этом совместную решимость «и далее работать во имя формирования справедливого и рационального международного порядка». В ходе майского (2014 г.) визита Президента В.Путина в КНР лидеры двух стран заявили о намерении «в ознаменование 70-летия Победы над германским фашизмом и японским милитаризмом на европейском и азиатском театрах военных действий Второй мировой войны», продолжить «решительное противодействие попыткам фальсификации истории и подрыва послевоенного миропорядка».

Председатель Си Цзиньпин одним из первых среди мировых лидеров откликнулся на приглашение принять участие в праздничных мероприятиях в Москве 9 мая 2015 г, а затем прибыл в этой связи в российскую столицу вместе с главами почти трех десятков государств. Одновременно в майской Москве были подписаны важные двусторонние документы, [1] а Президент РФ получил официальное приглашение прибыть в Пекин в начале сентября на аналогичные юбилейные торжества.[2]

---

① Помимо общего Совместного заявления о развитии партнерства было подписано важное «Совместное заявление Российской Федерации и Китайской Народной Республики о сотрудничестве по сопряжению строительства Евразийского экономического союза союза и Экономического пояса Шелкового пути».- http://kremlin.ru/supplement/4971

② http://kremlin.ru/events/president/transcripts/49431

### Направления сотрудничества

Можно выделить ряд основных уже наметившихся, а также перспективных направлений сотрудничества двух стран по защите итогов Победы.

Во-первых, это совместная работа по широкой и целенаправленной популяризации и пропаганде (как внутри своих стран, так и за рубежом) огромного вклада обеих стран в победоносное завершение II мировой войны. 22 июня 1941 г. против СССР было развернуто свыше 64% личного состава Вооруженных сил Германии.[①] Согласно широко известным фактам на советско-германском фронте гитлеровская Германия вместе с союзниками потеряла порядка 3/4 всех дивизий, утраченных ее в ходе войны.[②] А приходящаяся на Восточный фронт доля безвозвратных потерь в войсках Германии и ее сателлитов оценивается в 90 %.[③] За это СССР заплатил 27 миллионами жизней своих людей.

Начатая летом 1937 г. полномасштабная агрессия Японии, стала не просто прологом, а де-факто началом Второй мировой войны, а восьмилетнее сопротивление китайского народа не только явилось признанным «вторым фронтом» (до конца 1941 г. единственным) на ее азиатско-тихоокеанском театре, но и с осени 1939 г. без малого полтора года играло для будущих Объединенных наций такую же роль и на европейском театре. Китай в отличие от многих капитулировавших стран, на годы приковал к себе серьезные силы оккупантов ((до 2/3 всех их сухопутных войск). Тем самым ограничивались возможности

---

① http://krieg.wallst.ru/frames-k/allarmy.html; https://ru.wikipedia.org/wiki/%CF%EE%F2%E5%F0%E8_%E2_%C2%E5%EB%E8%EA%EE%E9_%CE%F2%E5%F7%E5%F1%F2%E2%E5%ED%ED%E E%E9_%E2%EE%E9%ED%E5э

② На советско- германском фронте Германия потеряла 506.5, а ее союзники – до 100 дивизий, аналогичные потери Германии на других фронтах – 176 дивизий. - http://ruskline.ru/analitika/2010/10/05/ocenka_ sootnosheniya_ poter_na_ sovetskogermanskom_ i _na_zapadnom_ frontah

③ Там же

Японии для новой экспансии. В вооруженной антияпонской борьбе Китай с 1931 г. потерял до 4 млн. солдат и офицеров и вчетверо больше гражданских лиц, погибших не только от боевых действий, но, и от спровоцированных войной голода и болезней. Существуют и большие оценки, по которым потери составили 35 млн. человек.[①]

Во-вторых, указание на «непреходящее значение принципиальных международных документов военного периода», включая итоги наиболее важных конференций союзных держав. Особого акцента заслуживают, в частности, Ливадийское (Ялтинское) соглашение от 11 февраля 1945 г., по которому Япония должна была уступить Советскому Союзу Южный Сахалин и Курильские острова»,[②] документы Потсдамской конференции, а также . Каирская декларация ( 1 декабря 1943 г.), согласно которой «цель» борьбы союзников против японской агрессии, в частности, заключается в том, «чтобы все территории, которые Япония отторгла у китайцев, как, например, Маньчжурия, Формоза и Пескадорские острова, были возвращены Китайской Республике».

В-третьих, взаимная популяризация и доведение до широких масс, прежде всего молодежи, фактов тесного сотрудничества двух стран в борьбе против сил фашизма и милитаризма. СССР был первой страной, которая стала оказывать Китаю военно-политическую поддержку и военно-техническую помощь, поставив в 1937-1941 гг. в почти 1 тыс. самолетов, свыше 1 тыс. орудий, порядка 10 тыс. пулеметов, 50 тыс. винтовок и другое оружие. В стране работали свыше 3, 5 тыс. советских военных специалистов, а в небе Китая сражались 2 тысячи советских летчиков-добровольцев, каждый десятый из них погиб. Братские могилы сотен советских воинов почтительно охраняются во многих районах Китая. На заключительном этапе войны именно СССР

---

① Нельзя недооценивать вклад Китая в Победу во Второй мировой войне.-http://russian.people. com.cn/n/2015/0508/c95181-8889262.html

② http://www.hrono.ru/dokum/194_dok/194502krym.php

разгромил костяк японских сухопутных сил – Квантунскую армию и освободила Северо-восток Китая, внеся решительный вклад в полное изгнание захватчиков. В то же время Китай, «связавший» значительные силы Японии, «сузил» ее возможности для удара в спину СССР, что было особенно ценно в критически важном для СССР 1941 г. Все это заложило прочную традицию боевого братства между народам двух стан и ныне способно служить надежным фундаментом их дружбы и взаимодоверия.

Наконец, не вызывает сомнения не только не ослабевающая, но и возрастающая актуальность координации действий в целях формирования справедливого и рационального миропорядка. Такие совместные усилия являются одновременно защитой от попыток девальвировать завоевания послевоенного устройства, заслоном перед попытками принизить историческую и нынешнюю роль России и КНР.

Видимо, направлений взаимодействия РФ и КНР по теме Второй мировой войны может быть и больше. Больше потому, что прошлое, настоящее и будущее – звенья одно цепи, когда минувшие события напоминают о себе уроками для самых разных сторон жизни. Жизни сегодня и завтра. Жизни общественной, и жизни каждого отдельного человека.

Среди главных из этих уроков – задачи беречь мир, ценить дружбу и протянутую руку соседа, сообща созидать и противодействовать насилию, вместе пресекать идеи превосходства, национального или расового неравенства, откуда бы эти идеи ни исходили.

# 对中俄(苏)军事合作的历史考察与思考

李抒音[①]

　　军事合作，是指两个或两个以上的国家或国家集团，为了谋求共同的战略利益，在军事领域所开展的交往。作为国家战略和对外政策的重要组成部分，军事合作既是国家间政治关系的本质体现，又是实现国家利益、特别是安全利益的重要战略举措，具有高度的敏感性和复杂性。

　　长期以来，中俄(苏)军事合作始终是两国关系甚至国际安全领域极为敏感的话题，经常引起其他相关国家和组织的高度关注。伴随着我军建立、发展和壮大的过程，中苏军事合作既对我军推进现代化和正规化建设提供了重要帮助，又在一定程度上影响了中国的内政。自20世纪90年代以来，在新安全观的指导下，中俄军事合作不仅丰富了中俄战略协作伙伴关系的内涵，提升了国家的军事实力和国际形象，还为实现国家战略目标、反对霸权主义和维护世界和平做出了重大贡献。特别是2014年中俄全面战略协作伙伴关系进入新阶段后，中俄军事合作内涵更加丰富、意义更加重大。本文通过考察中俄（苏）军事合作的历史发展轨迹，分析其经验教训，并对其未来发展进行展望。

## 一、中苏军事合作的发展轨迹与特点

　　苏联在我军建立及现代化与正规化建设的初期曾扮演过非常重

---

　　① 李抒音：军事科学院外军室副主任、研究员。

要的角色。出于自身国家利益及支援世界革命的需要，苏联不仅在武器装备、军事技术和军事工业等"硬件"方面，而且在体制编制、教育训练、条令条例等"软件"方面，都给予了我军极大的支持。中苏军事合作更多地体现为苏联对中国共产党开展武装斗争的军事指导和军事技术援助，以及中国共产党在战略层面对苏联的配合与支持。根据人民解放军的发展历程，我们分以下三个阶段来考察中苏军事合作的发展历程。

（一）战争年代，苏联给予了我军全面的理论指导和积极的军事援助，但也带有很大程度的干预成分；我军在"以俄为师"的同时，结合自身实际开始探索独立自主的建军道路和武装斗争方式。

我军成立初期，苏联通过共产国际在编制体制、武器装备及资金等方面提供了重要的指导与援助。由于意识形态的一致性，中国共产党迅速接受了马克思列宁主义关于暴力革命、人民战争和建设无产阶级军队的理论，以及斯大林关于军事问题的论述。受此影响，"八一"南昌起义后中共仿照苏联工农红军建立起了自己的武装组织——中国工农红军，并在共产国际代表的指导帮助下，相继发动了一系列武装夺取政权和反对国民党封锁和围剿的斗争。为了更好地帮助中国共产党开展武装斗争，苏联还培养了大批中共军事干部。其中，著名的有刘伯承、叶剑英、杨尚昆、王一飞、聂荣臻、伍修权、左权、师哲等人，他们后来成为领导共产党军队作战和建设的骨干力量。

在向中国共产党提供军事指导和技术援助的同时，苏共实际上掌握着当时军事合作的主导权，并根据其对国际形势的判断和苏联国家利益的需要随时加强或中断这种合作。在国民党执意实行剿共政策、限制中共军队发展并刻意制造皖南事变之时，苏联依然向国民政府军队而不是向危难中的中共军队提供军事援助，还一味要求中共中央忍让，以维护苏联在中国的利益，此举加速了我党领导的人民军队独立自主发展壮大的决心。苏德战争爆发后，苏联担心陷入两线作战，不顾八路军的军事实力，一味要求我军采取积极的军事行动，帮助苏联牵制日军。

在遭到毛泽东回绝后，苏共两党关系一度陷入低谷，双方军事合作也陷于停顿，直到抗战胜利初期才逐步恢复。1946年3月，由于美苏冷战局面的逐步形成，客观上使我党争取苏联支持以取得合法地位的战略意图与苏联反对美国支持的蒋介石的目标相一致，两党关系与军事合作迅速加强。苏军将东北地区移交给我军，帮助我党巩固了东北根据地，并把缴获的大批武器弹药转交给人民解放军，还及时修复了被破坏的铁路，为人民解放军取得辽沈战役胜利提供了重要条件。

这一时期的中苏军事合作，既是苏共两党关系的直接反映，又受制于两党关系。由于当时两党地位实质上的不平等，造成了双方军事合作地位的不平等。作为共产国际分支机构的中国共产党在武装斗争初期还没有自己的军事经验，在很多方面以教条主义的态度照搬照抄苏联模式，并接受了斯大林的一些错误意见，使中国革命蒙受了巨大损失。同时，苏联的大国沙文主义又促使其根据国家利益的需要调整同中国共产党及国民党的军事合作关系，因此，这种以苏联利益为中心的军事合作或者说军事援助既有指导的成分，也带有较大的干预成分。但是，必须承认，中国共产党正是在苏联的指导和军事援助下，结合中国社会和革命战争实践的特点，一步步走上了独立自主的发展道路，实现了马克思主义的中国化，使中国革命战争和毛泽东军事思想都带有鲜明的独立自主特色。

(二)新中国成立后，苏联在中苏同盟条约框架内积极支持中国的军事建设，奠定了我军正规化和现代化建设的物质基础；中国通过抗美援朝给予苏联战略上的支持，并最终使两国关系由同盟进入"蜜月期"，出于保卫胜利成果的需要，新中国成立后选择了向苏联"一边倒"的战略方针，希望借助并联合苏联的军事力量，保障国防，巩固政权。而苏联则出于巩固社会主义阵营的东方战线、从战略上保证国家安全的需要，愿意继续加强同新中国的军事政治合作。1950年2月，两国签订了《中苏友好同盟互助条约》，缔结为政治军事同盟。这一同盟不仅在新中国建立初期及抗美援朝战争期间发挥了重要作用，也为我军正规化和现代化建设提供了必不可少的条件。

　　这一时期双方的军事合作，主要表现在中苏联合军事行动和苏联对中国军队的军事援助这两个方面。早在建国前夕，根据刘少奇访苏时所提出的军事合作要求，苏联方面同意帮助新中国建立海军和空军部队，培养海空军干部和技术人员。新中国成立后，苏联还出动空军部队和飞机，协助人民解放军解放新疆，帮助组建防空部队掩护沿海城市，并派驻两个飞行中队进驻上海担负防空任务。朝鲜战争爆发后，苏联又向志愿军提供了大量武器装备，并担负了保障志愿军后勤补给线等任务，促使中苏军事关系迅速升温。尽管斯大林在朝鲜战争爆发问题上负有不可推卸的责任，但战争期间苏联对志愿军给予的武器装备援助，为抗美援朝战争的胜利提供了重要的物质保障。抗美援朝战争胜利后，中苏在朝鲜战场上的配合使两国政治军事关系进一步密切。斯大林向毛泽东承诺，在中国第一、第二个五年计划期间援助我建设156项重点工程(赫鲁晓夫后追加15项并全面扩大规模)，其中国防企业便占了1/3，由此奠定了中国工业特别是国防工业的基础。

　　1954年，中国人民解放军确立了现代化、正规化的建军方针，开始全面学习苏军经验，并在体制编制、教育训练、武器装备研制等方面得到了苏军的大力指导和援助。在此之前，苏联提供的武器装备援助使我军部队迅速实现了装备的制式化，我军由此开始了现代化建设进程。在苏联的帮助下，中国人民解放军空军于1950年6月建立了第一个航空兵旅，装备了苏制拉-11式等螺旋桨式战斗机。同年秋天，苏联提供了200余架喷气式的米格-9和米格-15战斗机，第二年便投入了抗美援朝战争。从1950年下半年起，苏方在两年多的时间里按照苏军编制向中国出售(按出厂价五折)了60个陆军师的武器装备，并以贷款方式向中国提供了一定数量的海军装备。截至1954年，中国用苏制武器和仿制品装备了106个步兵师、8个高炮师、3个坦克师和23个航空兵师，换下过去缴获的十多个国家的杂乱武器。尽管这些装备多为苏军在第二次世界大战中使用过的旧式装备，但在历史上首次实现了我军装备的标准化和序列化。

　　这一时期，借助于苏军的帮助，我军建起了自己的国防工业，开启了军队现代化和正规化建设的步伐。不过，苏联援助中国的目的，一是希望将中国作为其推进世界革命、特别是亚洲地区无产阶级革命的重要阵地，另一方面也希望中国此后能继续在国防领域依靠苏联。斯大林从国家利益出发，在对华武器援助上奉行保守的政策，提供的多是苏军使用过的装备，即使在抗美援朝期间，苏联提供的最新现役装备也只有米格-15"比斯"战斗机和伊尔-28轰炸机。难能可贵的是，中国人民解放军在向苏军学习的过程中始终能够坚持自己的光荣传统，汲取近代中国半殖民地性质的军事工业依附于列强的教训，坚持以独立自主为主、争取外援为辅的原则，为建立自主的国防工业和现代化军队奠定了坚实基础。

（三）赫鲁晓夫时期，中苏军事合作跃上新的台阶，苏联的军事技术援助为中国核武器等尖端武器的研制奠定了坚实基础；但双方在国际安全形势判断及战略决策上的分歧，最终使双方军事合作走向决裂，两国关系也因此破裂

赫鲁晓夫上台后，出于提高其国内外政治地位的需要，急需得到因赢得抗美援朝战争而在国际上具有很高威望的新中国的支持，使包括军事援助在内的对华援助有了质的飞跃。

首先，他改变了斯大林时期援华装备主要提供旧品的方针，开始提供现役装备，并转交相应的技术资料。正是在苏联提供的样品及全套资料的基础上，中国得以成功仿制了一系列的苏式装备。到20世纪50年代末，中国在陆空军常规装备的很多项目上，已达到或接近了当时的世界先进水平。

其次，赫鲁晓夫出于政治目的在尖端武器领域给予了中国战略性援助。为了维护核时代的国家主权与安全，中国政府决心在苏联援助下研制自己的核武器。1956年波匈事件后及赫鲁晓夫遭遇倒阁危机之后，苏联为寻求中国在社会主义阵营内的支持，在中方一直要求的核技术援华领域有了较大松动，决定向中国提供原子弹样品和生产技术，帮助建立核工厂，并附加以政治条件，即毛泽东访苏支持赫鲁晓夫。1957年10月，中苏签订了《国防新技术协定》，但关键技术仍不肯转让。1958年夏季以后，中苏两党在意识形态领域

的分歧逐渐加大，两国关系趋于紧张，苏联遂在对华尖端技术援助问题上开始大加限制。1960年7月，苏联又单方面撕毁合同，撤走全部在华专家，对中国尖端武器研制带来了一定的困难。中国却由此开辟了一条自主研发的道路，为以后国防工业的进步奠定了重要基础。但实事求是地讲，苏联的援助对于中国核工业基础框架的形成以及在原子弹和导弹等尖端武器的研制方面发挥了不容忽视的作用。

　　苏联在对华援助过程中流露出的大国沙文主义，使本已出现的意识形态分歧和军事战略差异进一步加剧，触动了中国的国家利益，并直接影响到两国的军事合作。因此，尽管双方在"长波电台"和"联合舰队"等问题上有合作的意愿，却最终因苏联的建设方案带有强烈的沙文主义色彩和干涉中国内政的嫌疑，引起了毛泽东的强烈不满，并坚定了中国坚持独立自主加强军事建设、捍卫领土完整和主权完整的决心。为显示这一决心和意志，1958年中国政府为惩罚台湾当局、牵制美国的军事力量，在事前未向苏联通报的情况下进行了一场"炮击金门"的政治仗和宣传仗，引起了赫鲁晓夫的不满。此举加速了中苏关系走向破裂的步伐，两国军事合作也几乎陷入停滞状态。在此后的二十多年间，两国军事严重对峙，苏联成为中国的主要军事威胁。直到戈尔巴乔夫执政后期中苏关系实现正常化后，两国才重新恢复了军事合作。1990年，双方签署了26架苏-27歼击机的合同，从而拉开了中俄军事技术合作的序幕。

## 二、中俄两国军事合作的现状与发展趋势

　　苏联解体后，中俄摒弃意识形态的历史包袱，使两国关系步入了健康发展的轨道，两国间的军事合作也随着政治关系的发展不断上升到新的水平。在两国关系由"互视为友好国家"到"建设性伙伴关系"，进而到"战略协作伙伴关系"的发展过程中，双方军事合作范围已从军事技术领域拓展到军事行动领域，更加符合双方的国家利益。可以肯定的是，随着中俄两国关系的不断深化，中俄军事合作将向着更深的层次发展，成为促进地区和平与稳定的积极因素。

(一) 政治互信的加深和对国家利益的追求促进了中俄军事合作的稳步发展，形成了"三合一"的良好军事合作关系。

中俄两国的军事合作具有坚实的基础。国家关系日趋成熟，使两国的政治互信不断加深，为开展军事合作提供了政治前提。中国不断提升的经济实力以及国防现代化的迫切需要与俄罗斯依然强大的军事技术实力，为两国军事合作提供了技术前提，使双方能够取长补短。此外，军事体制编制的相近又为两国军事合作提供了便利条件。在当前的国际安全格局中，两国又均面临着应对各种传统和非传统威胁的安全压力，在反对霸权主义、维护世界及地区和平、打击"三股势力"、维护国家利益的斗争中具有共同的利益需求。这种安全追求又为中俄两国深化军事合作提供了内在动力，使两国军事合作具有了长久的生命力和推动力。

以此为基础，中俄两国目前已形成了军事政治、军事技术和军事行动"三合一"的军事合作关系。军事政治合作是两国军事合作水平的实质体现，并成为中俄元首定期会晤的重要内容。中俄之间已建立了国防部长定期会晤机制和总参谋部间的战略磋商机制，成立了反恐磋商工作组。在军事政治合作领域，双方签署了《关于不将本国战略核武器瞄准对方的联合声明》，彻底解决了边界问题。2001年，两国又联合中亚国家在上海五国基础上建立了上海合作组织，使之成为维护地区安全的重要多边安全合作机制。双方还于2005年2月建立了国家间安全磋商机制，进一步提升了双方的军事政治合作水平。防务部门之间的互访机制日臻完善，在中方的积极努力下，一度中断的总参谋长会晤机制得以恢复。

军事技术合作既是中俄军事合作的亮点，又是中俄军事合作的核心。由于欧盟及美国对华实行武器禁运，俄罗斯目前已成为中国获得先进军事装备的最主要来源，中国也因此成为俄罗斯武器的第二大出口国，仅次于印度。据俄媒估计，对中国的武器出口平均占到俄罗斯出口总额的20％，个别年份占俄罗斯全部武器出口额的40%—50%。为确保军事技术合作的顺利进行，中俄两国建立了政府间军事技术合作委员会，每年轮流在两国召开会议。当前，中俄军事技术合作主要集中在中方向俄方购买现代战机、舰船、新型陆军装备、防空和导弹防御武器等方面。据中俄两国媒体的公开报道，中国已成为世界上最大的苏系列战机用户。1990年至2005年间，俄罗斯向中国出售了近200架各型战机、12个营套的C–300防空导弹和一定数量的"道尔"导弹系统、4艘"现代"级驱逐舰和12艘"基洛"级潜艇，并一度成为俄制武器的最大进口国，直到2006年印度取代中国成为俄制武器最大进口国。据俄《红星报》报道，2005年9月双方签订了价值50亿美元武器合同，俄将在三年内提供多用途歼击机苏–30MKK、"基洛"636型柴电潜艇、956及956改进型"现代"级驱逐舰、C–300ПМУ–2型防空导弹系统。更为重要的是，中国购买了苏系列战机、火焰喷射器等军工产品的生产许可证。此外，中俄双方还在航天领域开展了合作，联合进行科研及实验设计工作。近期，两国防务部门正在就俄向我出口苏-35歼击机和C-400防空导弹进行谈判。

以联合军事演习为主要形式的军事行动合作是中俄军事合作的新领域，标志着双方军事合作再次跃上了新台阶。两国在多边和双边框架内举行的"和平使命"系列联合军事演习已迈上机制化轨道，迄今已举行了7次，分别是双边框架下的"和平使命–2005""和平使命–2007""和平使命–2009""和平使命–2013"，多边框架下的"和平使命–2010""和平使命–2012""和平使命–2014"，这些演习提升了两国的协同作战能力和互信程度，提升了应对国际恐怖主义威胁的能力。自2012年以来，中俄两军开始连续举办"海上联合"系列军事演习，对于加强两军海上防御作战能力、维护地区安全有重要意义。同时，自2014年以来，我军开始参加俄罗斯举办的"坦克两项"和"空中飞镖"等大型国际性军事比赛，今年将全部参加12项军事比赛。通过参与这些竞赛，能够在一定程度上提升我军的实战化训练水平、提升军事素质。此外，两国海军在亚丁湾地区开展联合护航、共同为销毁叙利亚化武船只进行护航等军事行动。

此外，中俄还开展了丰富多样的军事教育合作。中国自1996年开始向俄罗斯派遣军事留学生，近年来俄罗斯军官也开始在中国军校学习。

(二)中俄军事合作前景十分广阔，但也存在着影响两国军事合作水平提升的问题和障碍，解决这些问题符合两国的国家利益，也有利于地区的安全与稳定。

在未来相当长的时期内，作为中俄战略协作伙伴关系重要组成部分的中俄军事合作将保持强劲的发展势头。从中国方面来看，善于向他人学习、引进和借鉴国外较为成熟的军事技术成果，可以在较短的时间内提升中国的国防现代化水平，特别是海空军的武器现代化水平，有效地遏制霸权主义和强权政治，减轻所面临的安全压力，并防止国际恐怖主义势力的渗透。俄罗斯作为世界上既拥有比较先进的军事技术和武器，又享有自主出售和转让军事技术权利的国家，自然成为中国进行军事合作的首选对象。从俄罗斯方面来讲，与中国加强军事领域合作也具有重要的战略意义。俄罗斯在西线和南线面临严重威胁的情况下，必然寻求中俄战略互信，加强中俄军事合作。"和平使命"和"海上联合"系列联合军事演习就达到了俄罗斯向世界展示中俄战略互信水平的作用。同时，每年10亿—20亿美元的武器出口收入已成为俄军事工业综合体改革和武器装备更新的重要来源。

因此，基于共同的战略需求，不断加深的中俄两国军事合作将具有以下特点：一是合作意愿更加主动。军事合作带来的利益和效益促使双方对合作的必要性有了更加深刻的认识，军事合作将成为两国各级对话及磋商中的热门话题。二是合作关系更加平等。随着科技水平的不断提升，中方提出需求等待俄方回应的局面将会逐步改观。另外，中国国际地位的提升也促使俄方加大了联合反恐等军事行动合作的力度。三是合作课题更加敏感。这既表现为中俄两国派出最先进的技术装备参加"和平使命""海上联合"联合军事演习，又体现在中俄军事技术合作不断向关键和尖端武器领域发展，特别是双方联合研制现代化装备的趋势不断加强，如核潜艇的设计与制造、航天和导弹袭击预警方面的合作。总之，中俄军事合作将会有更高的水平、更深的内涵和更大的收益。

不可否认，目前中俄在军事合作领域还存在着某些问题。一是双方互信度不够。俄国内一些人从"中国威胁论"的冷战思维出发，认为与中国加强军事合作、特别是军事技术合作将会给俄罗斯的长远安全带来影响，要求对中国"留一手"。而中国部分人士也对俄罗斯在出售给中印两国武器装备上的明显差距表示不满，认为这与中俄战略协作伙伴关系不符。二是军事技术合作的具体方式还有待改进。长期以来，中俄军事技术合作主要是中买俄卖的买卖关系。中国希望将这种以买卖为主的合作关系转变为共同研制、共同开发、共同受益的技术交流与合作，以切实提高中国现代化装备水平，维护国家安全。而俄方则对中国仿制俄制武器略有微词。进入新世纪以来，随着中国军事技术水平的突飞猛进，先进武器研制能力不断增强，一些重要领域和关键性技术已取得突破，我国防工业已基本上能满足我武器装备更新换代和现代化需要。因此，在军事技术合作领域更多地转向购买关键性技术和尖端武器装备，甚至不排除出现我向俄出口装备的新局面。三是中俄未来将在武器出口市场形成竞争关系。随着中国制武器不断走向世界，以及两国武器装备在设计理念、使用特点及价格方面的"同质性"，俄罗斯担心中国将挤占俄制武器市场，因而影响俄向我出口先进军事技术。

## 三、思考与结论

从中共在苏共支持下发动南昌起义算起，中俄军事合作迄今已走过了近90个年头。近90年来，伴随着中俄关系发展的风风雨雨，两国军事合作关系也经历了从指导与援助（苏对中）到停滞与对抗，再到开展平等军事合作的复杂历程，实现了从以意识形态为标准到以国家利益为出发点的根本转变。总体看来，中俄军事合作为中国军队现代化建设做出了不可磨灭的贡献，同时也带来了一定负面影响，其中的经验教训值得深刻反思，并需要在今后军事合作中予以借鉴。

（一）军事合作必须以新安全观为指导，遵循平等合作、相互尊重的原则，才能切实做到互利共赢。

由于中苏两国两军在实力对比上相差悬殊，客观上造成了双方关系的不对等和军事合作的不平衡，而苏联根深蒂固的大国沙文主义又促使苏联以大党大国自居，将双方军事合作定位为指导与被指导、给予与接受的关系，屡屡发生不尊重对方利益、强加于人的事情，动辄就以取消军事援助相要挟，严重伤害了中国人民的感情。邓小平同志对此就有深刻的总结，他说中苏分歧"真正的实质问题是不平等，中国人民感到受屈辱"。冷战结束后，两国两军关系得到根本改善。中国在反思、批判和摒弃传统安全观的基础上，逐步确立了"互信、互利、平等、合作"的新安全观，强调要以合作求安全，在反对军事结盟、不针对第三国的同时积极与他国开展多领域的军事合作，不仅极大地改善了国家形象、维护了国家和地区安全，还通过参加联合军事演习锻炼了军队应对危机的能力，切实做到了互利共赢。

（二）军事合作不应取决于意识形态和价值观念等因素，国家利益是开展军事合作的根本出发点和归宿。

同发展两国关系一样，发展军事合作也必须以国家利益为根本出发点和最终归宿，遵循平等互利的合作原则。那种以意识形态划界、超越正常国家利益的"大家庭"式的军事合作关系注定是短暂的，并将因其高度的敏感性最终对两国关系造成伤害。20世纪五六十年代中苏两国由同盟到对峙转变的根本原因，就是意识形态和现实国家利益发生了错位，导致两党关系破裂，进而殃及两国关系，军事合作也由密切到停滞并发展为军事对抗。目前，中俄两国开展的军事合作，不仅服从服务于中国军队的现代化建设、营造安全的周边环境，以维护重要战略机遇期的国家利益，也符合俄罗斯稳定周边、保证全球战略力量平衡的战略需要和以军售带动经济发展的构想。因此，军事合作将会成为促进两国关系健康发展、维护地区及世界稳定的重要促进因素。

(三)学习他国军事经验和引进技术装备是迅速提升军事实力的有效途径，但独立自主、开拓创新才是军队现代化建设的根本原则。

借鉴和学习外军经验是落后国家快速加强军队建设、提升军力

的有效途径。中国人民解放军历来重视学习外国经验。2004年中国
公布的白皮书首次把军事交流放在了战略层面，把开展军事交流与
合作作为坚持新时期军事战略方针、推进中国特色军事变革的重要
内容。但借鉴外国先进经验必须与本国实际相结合，坚持独立自主
的建军原则。从20世纪50年代后期起，毛泽东等领导人一直强调学
习外军经验要与中国实际相结合，要求"打倒奴隶思想，埋藏教条主
义"。由于实行了正确的军事合作方针，1960年苏联断绝援助后，中
国仍能独立地建立起基本配套的国防工业，全军所需要的绝大部分
装备已经能够自己生产，并基本实现了武器的标准化和系列化，使
军队建设以较快的速度继续发展。这证明，把立足点放在外国技术
援助或购买外国武器上，必然造成中国国防事业的依附性。而在坚
持自力更生的同时有选择有重点地引进国外关键装备和技术，才能
从根本上提升军事实力。

**参考文献：**

1. 徐焰著:《中国国防导论》，国防大学出版社2007年版。

2. 沈志华主编:《中苏关系史纲》(1917—1991)，新华出版社
2006年版。

3. 罗时叙著:《由蜜月到反目——苏联专家在中国》，世界知识
出版社1999年版。

4. 崔宪涛著:《面向21世纪的中俄战略协作伙伴关系》，中共中
央党校出版社2003年版。

5. [俄]《红星报》2000—2015年文章。

6. [俄]《独立军事评论报》2000—2015年文章。

# Эхо Второй мировой войны и роль «мягкой силы» в Северо-восточной Азии

## С. Чугров [①]

70 лет прошло после окончания Второй мировой войны, а народы Азиатско-Тихоокеанского региона продолжают довольно ощутимо испытывать последствия событий того времени.[②] До сих пор остаются нерешенными вопросы, которые впервые встали в ходе послевоенного урегулирования, а некоторые из них обрели крайне драматические черты. Последние годы стали периодом обострения противоречий в Северо-Восточной Азии. Обострились сразу три территориальные проблемы, унаследованные с 1940-х и начала 1950-х годов. Это споры между Японией и Китаем, Японией и Южной Кореей, а также между Японией и Россией. К числу болезненных проблем надо отнести и ситуацию вокруг островов в Южно-Китайском море (Парасельские, Пескадорские и архипелаг Спратли). По числу потенциальных очагов конфликта Восточная Азия сейчас лидирует среди регионов мира. При этом обострение территориальных конфликтов происходит на фоне непростой ситуации вокруг ядерной программы Северной Кореи. А это сочетание факторов может привести к превращению региона в пороховую бочку.

Политические и экономические интересы в этом четырехугольнике

---

① С. Чугров: профессор МГИМО (У) МИД России, главный редактор журнала «Полис» («Политические исследования»).

② Исследование по теме «Использование "мягкой силы" в Азиатско-Тихоокеанском регионе» было проведено автором при поддержке Российского гуманитарно-научного фонда» (грант 13-03-00282a).

тесно переплетены, и ни одна сторона не хочет эскалации конфликта до уровня военных действий. Однако этот сдерживающий фактор в определенный момент способен неожиданно оказаться неэффективным: когда обстановка крайне накалена и нервы у всех напряжены, любой случайный, несанкционированный ракетный пуск может дать старт цепочке нежелательных последствий, и таким образом территориальные споры могут привести к реальной военной эскалации. Это сейчас кажется маловероятным, но надо учитывать и этот «кошмарный сценарий». В случае более умеренного, но тоже опасного сценария, Япония способна отказаться от 9-й статьи совей конституции и встать на рельсы перевооружения, а это катасторфически обострит напряженность в регионе.

Из позитивных факторов выделю только два. Во-первых, тлеющий конфликт между Китаем и Южной Кореей удалось уладить: Пекин, проявив умеренность, отказался от притязаний на крошечный корейский островок Йодо, показав странам региона, что есть возможность договориться дипломатическим путем. Это очень важный прецедент. Во-вторых, ни один из дипломатических конфликтов так и не перешел в военную фазу.

До недавних пор наиболее угрожающе развивался конфликт вокруг островов Дяоюйдао. Однако создание обеими сторонами механизма, обеспечивающего постоянный и эффективный контроль над ситуацией вокруг Дяоюйдао, - это важнейший шаг, который позволяет избежать роковых ошибок и дестабилизации. Сейчас драматизм ситуации значительно спал, но спор вокруг Дяоюйдао, по всей видимости, еще долгое время будет находиться в подвешенном состоянии и бередить чувства обоих народов.

А еще совсем недавно, в 2012 г., ситуация была на грани стремительной эскалации конфликта. (Причиной этого было приобретение правительством Японии трех островов у японского частного владельца, и, как известно, в знак протеста группа жителей Гонконга высадилась на островах и была задержана.) С одной стороны, японцы продемонстрировали толерантность и даже слабость — вместо того чтобы посадить в тюрьму гонконгских активистов за «нарушение границы», они их только депортировали на родину. С другой стороны, Китай убедительно продемонстрировал силу, не допустив эскалации. Но это был опасный эксперимент: Токио был на грани того, чтобы кардинально пересмотреть свою военно-политическую стратегию. А новая оборонная стратегия Токио может оказаться весьма неприятной и болезненной для всех стран региона и драматически изменить баланс сил в северо-восточной части Тихого океана. Введение Пекином «зоны опознавания ПВО» Китаем – это очередной раунд противостояния. Надо подчеркнуть, что Китай каких-либо ни мобильных, ни постоянных средств противовоздушной обороны в зоне, как ее нередко ложно номеруют, не дислоцирует. У Пекина нет зенитно-ракетных вооружений, чтобы эффективно контролировать район таких масштабов. Лишь истребители могут быть использованы в этой зоне. Но напряженность в регионе резко возросла.

Угроза безопасности региона заключается в том, что за спиной Японии мы видим США. Пока существует японо-американский договор безопасности, ситуация в регионе, во всей видимости, останется напряженной. Во время своего последнего визита в Японию президент Обама заявил, что военные гарантии США распространяются на Дяоюйдао. Если бы Китай решился прибегнуть к военной силе, то столкнулся бы не столько с Японией, сколько с США. Россия высоко ценит взвешенную позицию китайского руководства, которое ясно понимает, что развития событий по такому опасному сценарию допустить никак нельзя.

Сильный дестабилизирующий фактор – это визиты президентов и других высших должностных лиц на спорные территории. Так, в августе 2012 года президент Южной Кореи Ли Мен Бак посетил один из островов Токто / Такэсима, которые в Токио считают спорной территорией. Визит был приурочен к юбилею освобождения Кореи от японской оккупации. Надо подчеркнуть, что руководители

Южной Кореи никогда в истории не посещали эти территории (даже отличавшийся откровенно антияпонской риторикой президент Но Му Хён воздерживался от посещения островов, желая избежать ухудшения отношений с Японией). Реакция Токио на визит корейского лидера была крайне острой, и ситуация оказалась на грани резкой дестабилизации. Визит был обусловлен, считаю, исключительно внутриполитическими причинами. Оппозиция в Южной Корее искусно использовала тот факт, что население помнит преступления японской императорской армии во время оккупации с 1910 по 1945 год. Например, когда на Олимпийских играх в Лондоне футбольная команда Южной Кореи победила японцев в матче за бронзовую медаль, футболист Пак Юн Ву поднял над головой корейский флаг с надписью «Острова Токто - наши!». Усиление антияпонских настроений в лагере оппозиции, возможно, заставило правящую партию принять популистские меры, чтобы перехватить лозунги оппозиции, а также поддержать свой пошатнувшийся авторитет внутри страны.

Власти Японии после шокировавшего их визита отозвали посла и предложили решить территориальный вопрос на базе ООН. Однако корейские власти отвергли предложение, подчеркнув, что причин для обращения в международный суд нет. Чтобы наглядно подкрепить свою позицию, южнокорейские власти установили на одном из островов Токто монумент, демонстрирующий принадлежность островов к Южной Корее.

Возможно, это обострение ситуации постепенно сошло бы «на нет»-обе стороны обозначили позиции, президент Южной Кореи достиг своих внутриполитических целей, и в раздувании конфликта уже не было бы смысла. Но именно тогда, в сентябре 2012 года, обострился территориальный спор Китая с Японией вокруг островов Дяоюйдао. Завязался сложный трехсторонний узел – Китай, Корея, Япония.

Не секрет, что будущее региона будет во многом складываться в зависимости от состояния отношений между ключевыми акторами в регионе – Пекином, Вашингтоном, Москвой и Токио – в условиях беспрецедентного экономического усиления Китая, роста военной активности США, стремления России справиться с попытками ее политической изоляции со стороны Запада и ослабления позиций Японии. Влияние Токио в Азиатско-Тихоокеанском регионе подвергается большим испытаниям: многие народы Северо-Восточной и Юго-Восточной Азии крайне критически относятся к Японии, поскольку не могут забыть преступления императорской армии во время Второй мировой войны. Столь же негативно они воспринимает любые попытки по усилению роли Токио в регионе. Эти опасения сблизили даже недругов. Например, Пхеньян в конфликте вокруг островов Токто, редко упускающий шанс покритиковать «марионеточный режим» Сеула, целиком его поддержал. А Тайвань однозначно поддерживает Китай по проблеме принадлежности Дяоюйдао.

Казалось бы, Япония должна вести себя очень осторожно. Какие же мотивации у Токио, чтобы идти на обострение территориальных споров в регионе? Японский премьер Синдзо Абэ известен своим стремлением «проявить твердость». 18 декабря 2014 г. германская газета «Вельт» (Die Welt, «Мир») отметила, что Абэ демонстрирует новый «авторитарный тренд». Вместе с Абэ в этом списке Президент Владимир Путин и президент Турции Реджеп Тайип Эрдоган. По мнению немецкой газеты, их объединяет с Абэ то, что в своей политике «они делают ставку на национализм, традиционные культурные ценности и желание взять реванш за исторические унижения. Они также мстят за прошлые унижения, которым для Абэ является поражение Японии во Второй мировой войне. Японский премьер мечтает вернуть своей стране былое величие и изменить навязанную Японии 'американскими оккупантами' пацифистскую конституцию. В свою очередь российский президент использует 'аннексию' Крыма для демонстрации силы после развала Советского Союза». Обращает на себя внимание и то, что недавно Абэ сказал, что новое поколение японцев надо воспитывать в духе гордости за историю Японии. А это означает, что скоро появятся новые школьные учебники, в которых варварские карательные акции японской императорской армии в Китае, например, Нанкинская резня и бесчеловечные медицинские эксперименты над китайскими военнопленными в «отряде 731» близ станции Пиньфань в Манчжурии будут называться просто обычными «военными операциями». Такая пропагандистская позиция не может быть безразлично воспринятой ни в Китае, ни в Корее, ни в странах Юго-Восточной Азии, и российские эксперты это сочувственно понимают.

Внешнеполитическая напряженность и националистические рецепты разрешения спорных проблем на руку тем силам в Японии, которые хотят отвлечь население страны от нарастающих внутренних проблем, призрака нависающих финансовых трудностей, связанных с неизбежными и непопулярными реформами.

Здесь скрыта каверзная ловушка для Японии. Нарастание националистических настроений, несомненно, вызовет обострение территориальных споров, раздражение соседних государств и – главное – подрыв стабильности в регионе. Самые спорные проблемы в китайско-корейско-японских отношениях – это вопрос «интерпретации истории» и оценка моральной ответственности Токио за ущерб, причиненный в ходе конфликтов, а главное – ритуал извинения, к которому лидеры Японии до сих пор относились формально. Япония вновь окажется отброшенной в прошлое.

На фоне обострения отношений Японии с Китаем и Кореей стала очевидна несостоятельность позиций правящих кругов Токио и по вопросу «северных территорий», как японцы называют российские южные Курилы. Напомню, что японский парламент в июне 2010 года единогласно проголосовал за принятие поправок к закону «Об особых мерах для форсирования решения проблемы Северных территорий». В тексте поправок к закону зафиксировано положение о принадлежности Японии этих четырех островов. В России это вызвало сильное возмущение. В целях подтверждения суверенитета России тогдашний президент Медведев посетил с визитом Кунашир 1 ноября 2010 года, что стало сильной моральной травмой для японцев. В июле 2012 года визит был повторен лишь с той разницей, что Медведев его совершил уже в качестве премьер-министра.

Россия и Японии не удалось выйти на уровень истинно партнерского сотрудничества. В чем же причина? Очевидно, в том, ни Москва, ни Токио пока не решили, какова стратегическая значимость для них этих отношений.

Есть симптомы, что может состояться прорыв в двусторонних отношениях. Японские санкции в связи с событиями на Украине имели ограниченный и символический характер. Интенсивность контактов возросла. Однако ни в России, ни в Японии нет достаточно влиятельных социальных или лоббистских групп, которые могут заставить власти решить территориальный вопрос. Чтобы решить спор, надо не просто хотеть его решить, а целеустремленно искать для этого возможности. Когда обе стороны захотят – и очень сильно захотят! – решить вопрос, они его решат. То есть отношения не потому не урегулированы, что существует территориальная проблема, а, наоборот, стороны не в состоянии разрешить проблему островов, поскольку их отношения недостаточно хороши. А лечить надо не симптом, а основное заболевание.

Среди причин непонимания между нациями одного культурного ареала следует назвать, как ни парадоксально, общие культурные ценности, точнее – различия в их интерпретации сторонами, которым надо преодолеть причины недоверия. Очень важна роль «мягкой силы» в культурных и научных обменах в регионе. Накал антияпонских настроений в Китае показывает, что притягательная силы культуры, а в китайском случае – в первую очередь, поп-культуры, имеет пределы воздействия на общественное мнение, политические симпатии и антипатии. Культура стран Тихоокеанского бассейна также оказывает влияние на развитие общественного сознания на российском Дальнем Востоке. Уже сама близость Китая, Японии, Кореи, магнетическая сила древней китайской культуры, конечно, влияют на мировоззрение населения российского Дальнего Востока.

После ужесточения кризиса вокруг Украины, после продления санкций США и Западной Европы, ущемляющих экономические интересы России и ее достоинство, отношения со странами Северо-Восточной Азии приобрели для Москвы беспрецедентно важное значение. Россия не намерена прерывать попыток урегулировать отношения с Западом, но его надо разумно сбалансировать конструктивным развитием партнерских отношений со странами Азиатско-Тихоокеанского региона. Тут приоритеты России в северо-западной части Тихоокеанского бассейна очевидны: Китай занимает ключевое место в стратегических расчетах России. С Китаем у России – 4300 км общей границы. Уже только это означает, что без Китая Москва не в состоянии строить нормальную систему международных отношений в Азии. Но было бы политически близоруким просчетом для России делать ставку исключительно на великого соседа. Вполне уверенно можно утверждать, что российскому народу едва ли подошла бы роль «младшего брата» в тандеме с Китаем наподобие того, как Китай в 1950-х года считал СССР «старшим братом». Куда более желателен сценарий конструктивных и, главное, сбалансированных отношений со странами региона с приоритетной опорой на партнерские связи с Китаем.

Политические контакты нуждаются в диверсификации с учетом, безусловно, центрального положения Китая в этой системе. Наиболее предпочтительный сценарий для России – дипломатическое урегулирование всех территориальных споров в регионе на основе компромиссов. Надо отказаться от эскалации напряженности и, если не удается договориться, оставить нерешенные вопросы будущим поколениям. Территориальные проблемы не должны мешать позитивному развитию отношений на всех уровнях.

# Ближний Восток и мировой порядок

## И. Звягельская[①]

Политические процессы, развивающиеся на Ближнем Востоке, обозначили формирование нового мирового порядка и одновременно оказали на него существенное влияние. В результате мощных социальных, этнических, племенных, конфессиональных и идейных противоречий многие арабские государства Ближнего Востока и Северной Африки оказались в тяжелом положении. Резкое ослабление управляемости и нарастание хаоса стали побочным продуктом "арабской весны", основные акторы которой преследовали собственные цели. Среди них нельзя игнорировать и такие далекие от революционного романтизма задачи как свержение старых элит во имя получения доступа к власти и ресурсам. И все же наиболее модернизированные слои в Тунисе и Египте объединяло стремление избавиться от несменяемых режимов, формально существовавших в рамках республик, но на деле давно переставших соблюдать даже видимость республиканского правления. Отказ правителей от таких "правил игры" как сменяемость власти, развитие институтов (что было очевидно даже в государствах с гибридными режимами) лишил их в глазах оппозиции легитимности. При этом вопрос о легитимности монархов, естественно, не стоял - они существовали во всеми признанной и понятной системе династической передачи власти, освященной религиозной традицией.

Массовые выступления - революции, мятежи, перевороты -

---

① И. Звягельская: Профессор кафедры востоковедения МГИМО.

серьезно нарушили привычные политические балансы ( Тунис, Египет), бросили вызов старым порядкам (Бахрейн), обернулись гражданскими войнами при иностранном вмешательстве (Сирия, Ливия, Йемен) и поставили под вопрос сохранение государственности. Особняком в этом ряду стоит Ирак, где в результате военного вторжения (а не внутреннего переворота) произошло смещение Саддама Хусейна и изменение политико-конфессионального баланса. Результаты, впрочем, были те же, что и в переживших "весну" арабских государствах - нестабильность, рост терроризма, потеря управляемости, углубление этноконфессиональных разногласий.

Многие авторы, писавшие об "арабской весне", обращали внимание на то, что ее предпосылкой и одновременно результатом стал кризис национальных государств на Ближнем Востоке. Для Ближнего Востока, который в ходе первой мировой войны был поделен странами-победительницами на зоны влияния, и где в соответствии с этим были проведены границы и даже созданы новые государства, речь может идти об окончательном крахе системы Сайкс-Пико, оформленной тайными договоренностями между Великобританией и Францией, поделившими османское наследство.

Кризис государственности на Арабском Востоке, а также и в некоторых других регионах, не вызывает сомнения. Вопрос заключается в том, насколько оправданно говорить о национальных государствах на Востоке.

Национальные государства – это те, где независимость связана с идеей культуры, с внутренней культурной однородностью. Этничность политизируется и порождает национализм тогда, когда этническая общность, существующая в определенных границах, не только осознает свою особость по отношению к другим культурным общностям, но и считает, что этнические границы должны совпадать с политическими, а национальность правящей элиты – с национальностью подданных. Национализм не возникает на относительно ранних этапах развития человеческой истории, он является порождением индустриального общества.

На Ближнем Востоке формирование современных государств происходило в контексте национально-освободительного движения и антиколониальной борьбы. Оно шло под мощным влиянием западного национализма, в рамках которого в Европе в X1X веке стали возникать национальные государства; в них на первое место выходили общие ценности и взаимные обязанности, идентичность с государством и общность культуры при сохранении этнических различий. Вместе с тем восточный национализм развивался на основе антизападничества, прагматического или эмоционального отрицания западных моделей. Заимствование западных идеологий с одновременным неприятием западных образцов организации общества и государства, судя по всему, стало одной из важнейших особенностей построения независимых государств на Арабском Востоке.

Во взаимодействии глобальных и региональных держав произошло резкое усиление местных игроков. По степени влияния на ситуацию они все больше переигрывают внешних акторов, причем речь идет как об усилении их роли в регионе, но и о распространении влияния за его географические рамки. Можно назвать, прежде всего, Иран, Саудовскую Аравию, Катар, Турцию, Израиль. Не только военная сила, оказание поддержки партнерам, но и современные технологии обеспечивают ныне такое мощное влияние, которое не так давно было невозможно даже для обладающих финансовыми ресурсами государств. Достаточно упомянуть созданный Катаром канал Аль-Джазира, который по охвату аудитории, по профессионализму может на равных соперничать с давно занявшими значительную часть информационного рынка CNN и BBC.

Одним из важных элементов баланса сил на Ближнем Востоке является углубление шиитско-суннитского противостояния. Разногласия между различными конфессиями в исламе существовали всегда. Однако в последние годы ряд факторов способствовал их активизации и все большей политизации. Так, формирование в Ираке после свержения Саддама Хусейна политического руководства на этноконфессиональной основе с преобладанием шиитов дало сигнал шиитским общинам и группировкам в других государствах. Например, более наступательно стала вести себя Хизбалла в Ливане, сплотились шииты на Бахрейне. Разгром иракской военной машины и новое соотношение политических сил в Ираке привели к усилению роли Ирана в Ираке, в Заливе и за его пределами, росту его претензий на лидерство на Ближнем Востоке и в мусульманском мире. Еще более очевидным стало ирано-саудовское соперничество. Хотя оба государства используют в противостоянии конфессиональный фактор, в целом их противоборство носит характер геополитического соперничества, которое на нынешнем этапе видится ими в контексте "игры с нулевой суммой", что исключает поиски политических компромиссов. Особенно четко это проявилось в Йемене.

Наряду с обострившимися шиитско-суннитскими противоречиями на Ближнем Востоке обозначился глубокий раскол в суннитском лагере. Причиной его стала деятельность трансграничной экстремисткой организации "Исламское государство". ИГ, как известно, позиционирует себя как борца за глобальный проект - халифат, и для нее лидеры арабских государств и национальных движений - препятствия на этом пути. Не случайно бойцы ИГ сжигали флаги ХАМАС - суннитской исламистской организации, имеющей национальную повестку дня. "Исламское государство" располагает огромными ресурсами, идеологической притягательностью, управляет обширными территориями, и объединяет сторонников из различных регионов мира. Это новый феномен, поскольку ИГ ставит во главу угла своей деятельности не только борьбу со всем, что противоречит его представлениям о мироустройстве, но собственный проект государственного строительства.

В условиях обострения ситуации в регионе произошло формирование неожиданных альянсов и обозначились трения между традиционными союзниками. Так, Иран и Хизбалла, вставшие на сторону режима Асада, выступили против ИГ и других экстремистских группировок в Сирии. Они же находятся по одну сторону с иракской армией (оказавшейся слабой и недостаточно подготовленной) и отрядами пешмерга, ведущими борьбу с ИГ в Ираке.

Сближение между Тегераном и Вашингтоном в контексте подписания соглашения по ядерной программе также является важным вектором в формирующемся балансе сил. К этому стоит прибавить политику члена НАТО Турции, пропускающую через свою границу желающих вести военные действия против Асада и присоединяющихся к оппозиционным группировкам, а также к ИГ; деятельность Саудовской Аравии и других государств Залива по поддержке антиасадовской коалиции; формирование Соединенными Штатами коалиции из арабских государств, готовых (да и то не всегда) бомбить позиции ИГ, но не готовых к наземной операции.

Нынешняя турбулентность на Ближнем Востоке, судя по всему, вызвана системными причинами. К ним можно отнести незаконченный процесс национального государственного строительства, наличие "различных модернов", не вписывающихся в западные модели торжества секуляризма и демократии, огромный разрыв между модернизированной частью населения и традиционным консервативным большинством, пассионарность очень молодых в своей основе обществ. Ближний Восток отражает также сдвиги, происходящие в глобальном балансе сил. Вместе с тем, именно этот регион представляет сейчас возможности для сотрудничества внешних и региональных сил по борьбе с общими вызовами и угрозами.

# 从安倍的二战史观看中日关系未来走向

姜跃春①

自日本对钓鱼岛实施"国有化"以来，中日关系陷入建交以来最为困难的对抗期。尽管北京 APEC 会议期间，中日首脑在"四项共识"基础上举行了会谈，但双方在历史认识和钓鱼岛争端等重大问题上的原则分歧并未消减。

## 一、安倍政府坚持错误史观不改，继续奉行敌视中国的外交政策

### （一）历史认识问题坚持错误立场

去年以来，安倍多次发表谈话称，日本不会就历史问题效仿第二次世界大战之后的德国那样向邻国道歉，以寻求和解。并于去年 4 月和 8 月，两次以自由民主党党首名义，向追悼甲级、乙级、丙级战犯的所谓"昭和殉难者法务死追悼碑"祭祀活动送出书面唁电。对这种为战争罪犯开脱罪行、给军国主义和侵略战争翻案的活动，安倍却在悼文中为"昭和殉难者"致以"诚挚哀悼"。赤裸裸地为二战战犯歌功颂德，是对战后国际秩序的公然挑战。②

2014 年 8 月 15 日，日本首相安倍晋三派助理以"自民党总裁"的身份向靖国神社献上祭祀费。同日，数名安倍阁僚和八十多名国会议员当日则直接参拜靖国神社。

---

① 姜跃春：中国国际问题研究院世界经济研究所所长、研究员。
② ［日］《朝日新闻》2014 年 8 月 27 日，http://www.asahi.com/shimen/20140827/

### （二）"钓鱼岛"对峙不断升级

2014年7月17日，日本首相安倍晋三视察了距钓鱼岛仅170公里的石垣岛。对"戒备"钓鱼岛周边的石垣海上保安部以及巡视船的船务人员说，中国的公务船频繁接近钓鱼岛周边海域，警备环境日益严峻。"我站在大家的阵前，决心带领大家坚决保卫。"[1] 此举意味着安倍政权在钓鱼岛问题上所采取的强硬立场不会变化。此外，安倍内阁继续加强军事部署。新建造的10艘巡逻船将于2015年年度结束前依次启用，日海保厅第11管区那霸海上保安本部也将随之建立起拥有12艘巡逻船和约600人的海上巡逻体制。

### （三）精心打造"对华包围圈"

安倍内阁启动以来，实施其所谓"地球仪外交"，先后出访50个国家，创日本历届首相出访外国数量之最。在其外交行动中，除强化日美同盟、修复日俄关系外，还有一重要特色就是以经济援助为手段，推进"价值观"外交布局，在海上陆上构筑对华包围圈。所到之处，不厌其烦地夸大"中国威胁"，将中国类比为一战前的德国；高调介入南海岛争，挑动部分东盟国家与中国的冲突等。其目的是在全球寻找伙伴遏制日益崛起的中国，构成对中国的包围圈。

### （四）大肆渲染对抗，敌视中国

2013年年底，安倍政府连续出台"防卫三箭"——《国家安全保障战略》、新《防卫计划大纲》和《中期防卫力量整备计划》，全面涵盖防卫和安全领域的指导方针。"防卫三箭"的突出特点就是"箭箭对着中国"。《国家安全保障战略》以大量篇幅描述中国"威胁"，称"中国的对外姿态和军事行动已经成为以日本为代表的国家的忧虑，并对中国的动向持续关注"。2013年10月，安倍首相在接受《华尔街日报》[2] 专访时称，日本要表现出更有决断力的领导作用，在亚洲

---

① ［日］《朝日新闻》2014年7月17日，http://www.asahi.com/shimen/20140717/
② ［美］《华尔街日报》2013年10月29日，http://cn.wsjhk.com/gb/index.asp

当对抗中国强权的"舵手"。日本国家最高行政长官以充满恶意的语言描述中国，明确宣扬中日对抗。尽管他也谈到中日之间的"互利互惠"关系，但这些套话根本无法掩盖他在中日之间散布的敌意。

## 二、安倍对华政策的重要背景<br>是社会转型、实力变化和"敌华"心态

### （一）日本社会整体"右倾化"趋势的表现

自从20世纪80年代起日本社会就已经出现了右倾化的苗头，之后这种苗头是愈演愈烈，尤其是日本对钓鱼岛实行国有化得到中国出台一系列反制措施之后，不明真相的日本民众误认为是中国在改变东海现状，是中国在"侵犯"日本领土。由于这种认知已经渗透到普通日本民众，右倾化趋势扩大到日本社会的多个角落，成为近年日本社会变化的重要特征。自民党作为执政党，其对内对外所倡导的路线方针政策均呈现右倾色彩。在安倍晋三错误史观引导下，摆脱"战后体制"、实现"国家正常化"，也已成为日本政治的主流。

### （二）中日实力对比发生结构性变化的结果

第二次世界大战之后，在美国的支持下，日本经济很快恢复并实现了持续高增长，经济规模也于1968年超过当时的联邦德国，跃居世界第二位，80年代末期，日本成为世界最大的贸易国、最大的投资大国、最大的债权国等多顶桂冠，成为名副其实的世界一流经济强国。

而中国改革开放以后，实现了国民经济持续高速增长。2010年中国GDP总额正式超过日本，成为世界经济规模第二位的国家。中日之间实力对比这一结构性变化，使过去多年作为世界老二、亚洲老大的日本心怀强烈的"不适"感。这种心态导致日本的对华政策表现出空前的矛盾性。他们既看重中国广阔的市场前景，希望从中国的迅速发展中获得实惠，同时也心存疑惧，担心中国的崛起将威胁其在亚洲乃至世界的既有利益和传统地位。

### （三）日本视华为"假想敌"

由于日本政府始终对历史问题没有清醒认识，导致日本社会普通民众对中日之间的钓鱼岛问题认识不清，不认为日本对钓鱼岛实行"国有化"政策有何不妥之处。中国政府因日本对钓鱼岛实施国有化政策而出台一系列反制措施，特别是"撞船"事件及之后中日两国的种种冲突，在很大程度上改变了日本国民对中国的心理预期。如果说过去日本主流社会把中国的经济腾飞主要看成机遇，那么现在更多的日本人把中国看成是对日本的威胁，看成是对日本在亚洲地位的一种挑战。

## 三、"四点共识"破解僵局，
## 未来两国关系会有所缓和但双方分歧依然存在

### （一）"四点原则共识"打破中日僵局

2014年11月7日，中国国务委员杨洁篪在钓鱼台国宾馆同来访的日本国家安全保障局长谷内正太郎举行会谈并达成的四点原则共识，为APEC期间两国首脑见面起到了搭桥铺路作用。这次会谈双方就处理和改善中日关系达成以下四点原则共识。从两国关系的政治基础、历史认识、现实争端和未来发展四个角度阐释了发展中日关系的基本精神和努力方向，为改善两国关系创造了条件。在此基础上，2014年11月10日，中国国家主席习近平在北京人民大会堂应约会见了日本首相安倍晋三。这是中日领导人两年半来的首次会晤。两国领导人以APEC北京会议为契机实现会晤，使近年来出现严重困难的中日外交僵局被打破，呈现缓和势头。

毫无疑问，"四点原则共识"为中日关系走出低谷提供了新契机。但同时要看到，中日关系真正改善不是一蹴而就之事。众所周知，造成目前中日关系陷入僵局的原因，除包括日本社会近年来整体右倾化趋势、中日两国实力对比发生结构性变化等重要背景之外，其直接原因是日本对钓鱼岛实行"国有化"政策。因此，尽管共识中双方主张通过对话防止局势恶化，但中日关系要真正现实和解和改善还取决于日本能否在钓鱼岛问题上承认存在争议，在历史问题上放弃错误认识。

### （二）国民对立情绪尚无好转，突发事件的危险依然存在

目前看来，钓鱼岛问题"国有化"木已成舟，看不出安倍政府作出任何修正的可能性，而钓鱼岛作为中国领土的一部分，中国政府也毫无退让的余地，而且中国海上巡航常态化，东海防空识别区的设立，也将使两国在海上军舰、空中军机的近距离接触成为家常便饭，为此，不能排除形成军事对峙及出现突发事件的可能性。另从日本国内政局状况看，安倍第二届内阁执政后，不仅在历史认识问题上采取"修正主义"态度，参拜靖国神社，不时发表右翼言论，而且在右倾化道路上越走越远，其采取的修改武器"出口三原则"、解禁集体自卫权、推动修改宪法等做法，易使中日两国关系的紧张程度进一步升级，也引起国际社会的广泛关注与种种担忧。

### （三）经济关系将摆脱低谷，未来趋势是政冷经温

中日僵局已使长期处于"政冷经热"双边关系出现"政冷经凉"的新变化。进入2014年之后，由于中日两国政治关系没有出现明显转圜，日本企业恐惧对华投资的政治风险，以及中国国内劳动力成本上升等因素影响，2014年日本实际对华直接投资额比上年减少38.8%至43.3亿美元，这是继2013年同比减少约4%后再次出现下滑，[①] 其降幅巨大为近年所没有。事实上，在2012年，日本对华投资同比增幅还高达16.3%以上。但自从2013年起，日本对华投资下降4.3%。日本对华投资减少有两国关系恶化背景的影响，但也有中国产业结构调整引发日本制造业投资转向等原因。尽管如此，日本企业对来华投资仍然不失热情，尤其是汽车产业瞄准中国市场的初衷并未改变。当然，不可否定，作为危机意识很强的日本企业，在

---

① 据中国商务部2015年1月15日发表数据，http://www.mofcom.gov.cn/

2012年中国出现"反日"游行事件之后，对在中国投资的政治风险还有些心有余悸。今后一个时期，中日经济关系可能进入一个不温不火、但会持续发展的新阶段。

### （四）地区合作分合并举，实现突破困难尚存

2013年日本正式加入美国主导的"跨太平洋经济合作伙伴协议（TPP）"谈判之后，中日两国在区域合作方面首次出现分离态势。日本加入TPP谈判不仅有扩大海外市场、加速日本对外开放的一面，但更重要的是实现日美经济的深度捆绑、遏制中国不断崛起和提升日本在东亚地区影响力的考量。而中日韩自贸区建设，尽管三国首脑已经经过了五次谈判，但距离达成协议还需要时日，其中一个重要原因是日本对此缺乏足够的诚意。日前，中韩两国已经宣布结束中韩自贸区实质性谈判，预计2015年早些时候中韩自贸区协议即将达成，这对日本可能产生刺激作用，推动其对三国自贸区建设采取更积极的态度。

# 第三部分：
# 新时期的中俄关系

# 维护二战成果　弘扬中俄友谊

俞 邃[①]

70年前中俄两国人民联手抗击法西斯的悲壮史诗，让我们永志难忘；当今我们两国人民在各自走向国家振兴道路上不断深化全面战略协作伙伴关系的情景，更是令人鼓舞。二战历史及其引起的争议，让我们产生一系列深层思考。维护二战成果，弘扬中俄友谊，是我们的使命和意愿。

一

中俄两国人民在二战中的丰功伟绩彪炳千秋。

20世纪30—40年代，德、意、日法西斯发动侵略战争，包括苏联和中国在内先后有61个国家和地区、20亿以上的人口被卷入战争，作战区域面积达2200万平方千米。据不完全统计，战争中军民共伤亡9000余万人，4万多亿美元付诸流水。在欧洲战场，苏联作为反法西斯战争的主力，死亡2700万人，占当时苏联人口总数的14%。英国首相丘吉尔说过这样一句话："是苏联军队将我们带出了德国制造的战争。"美国总统乔治·布什在纪念诺曼底登陆60周年活动时也曾感慨地说道："如果没有苏联军队，就没有我们今天的一切。"

这样说，不是要否认美英作为世界反法西斯同盟的核心成员国地位，更不是否认美（死亡50万人）英（死亡35万人）为二战胜利做出的贡献和付出的代价。赢得世界反法西斯战争的胜利，应该说

---

① 俞邃：中国当代世界研究中心教授，俄罗斯科学院远东研究所荣誉博士。

是所有被侵略国家人民奋起共同反抗的结果，是世界上所有爱好和平人民的共同胜利。

在东方战场，中国抗击日本侵略者，有力地配合了欧洲战场。中国是在二战中参战最早、作战时间最长的国家（传统认为二战从1939年9月1日德国入侵波兰开始，1945年9月2日结束，实际上1931年日本侵略中国就是二战的序幕，至少1937年卢沟桥"七七事变"应该被认为是二战的开端）。中国在战争中付出了极大代价，伤亡3500万人，歼灭和钳制了大量日军，为战胜德、意、日法西斯做出了重要贡献。

在人类历史上空前惨烈的这场世界战争中，中俄两国人民结下了生死与共的友谊，谱写了种种感人至深的历史篇章。那时中华民族的许多热血儿女，包括毛泽东主席的长子毛岸英，毅然投身苏联红军队伍抗击德国法西斯的作战。当年美国总统罗斯福就说过："假如没有中国，假如中国被打垮了，他们可以马上打下澳洲，打下印度——他们可以毫不费力地把这些地方打下来，并且可以一直冲向中东……和德国配合起来，举行一个大规模的夹攻，在中东会师，把俄国完全隔离起来，吞并埃及，切断通过地中海的一切交通线。"曾任苏联驻华武官的崔可夫说："甚至在我们最艰苦的战争年代里日本也没有进攻苏联，却把中国淹没在血泊中。"

俄罗斯和中国经历二战做出的最大贡献，从根本上说，是以自身付出巨大的民族牺牲，奠定了战后数十年世界相对稳定的局面，从而开拓了时代主旋律从战争与革命向和平与发展逐渐演变的过程。

## 二

二战的历史不仅证明正义必然战胜邪恶，光明必然战胜黑暗，进步必然战胜反动，而且说明：社会制度的差异并不是引发战争冲突的根本原因。不同社会制度的国家，只要顺应历史的潮流和人民的意志，就可以做到求同存异，共同应对人类面临的挑战。在二战中，面对法西斯侵略，苏联、中国、美国、英国和法国等国家尽管彼此之间也存在着利益矛盾和分歧，但毕竟还是树立了不同社会制度国家和平共处、通力合作的榜样。70年过去了，如今人类依然面临着共同的敌人——战争威胁、核扩散、恐怖主义、环境污染、气候变化、贫穷疾病等。尽管每个国家都有自身的利益和追求，但在对付共同威胁这方面，应该也可能适度地展开合作。这同时也说明，在以和平与发展为主题的现时代，不仅中俄之间形成了全面战略协作伙伴关系，中美之间构建新型大国关系也应该是有可能的。

国家性质变异不等于一定要改变历史观。尽管发生了苏联剧变那样震惊世界的历史性事件，尽管如今处于社会转型过程中的俄罗斯存在着尖锐的道路选择与党派之争，尽管被西方扶持的俄罗斯国内反对派处心积虑要搞垮普京，但是俄罗斯各种政治力量和政治思潮在维护二战胜利成果方面，在肯定《波茨坦公告》和《开罗宣言》等国际协议方面，并不存在争议，也就是说，他们都能保持起码的爱国主义情愫、民族自尊心和历史正义感。普京更是强调要对俄罗斯年轻人加强第二次世界大战的历史教育，绝不容许歪曲俄罗斯历史，包括第二次世界大战历史。俄罗斯2009年制订的法案提出，对于蓄意歪曲或篡改二战历史的国家政府将予以制裁，还禁止某些外国组织在俄境内组织、参与有关历史问题的活动。

资本主义世界也不乏诚实而正派的有识之士。例如德国前总理勃兰特跪拜在二战期间被德国法西斯屠杀的犹太人亡灵前，已成佳话。德国前总统罗曼·赫尔佐克曾说："一个民族如果没有对其历史的彻底了解，就不可能永远存在下去。"再如在日本，围绕钓鱼岛属于中国的问题，也有许多公正言论，这一点本文在下面还要详细谈到。

## 三

70年过去了，关于二战的历史，国际社会早有公论。然而，在当今世界，仍有人明目张胆地为法西斯罪行开脱。他们掩盖希特勒德国及其他轴心国的罪责，竭力否定苏联在世界反法西斯战争中的作用；掩盖日本侵略者的罪行，甚至巧立名目为侵略战争翻案。这是一股逆流，成不了气候，但对其能量也不可小看。

我们注意到，有人忽视乃至抹煞中国在二战中的丰功伟绩。然而，俄罗斯朋友在这个问题上却秉持正义与公正。2015年5月9日，在俄罗斯卫国战争胜利70周年阅兵式上，普京总统称："在二战时期和苏联一样，中国失去数千万人民，在他们那里是亚洲反军国主义的主战场。"

世界反法西斯战争的胜利表明，要想避免战争对人类文明再次带来毁灭性后果，必须以诚实的态度汲取历史教训。

当今歪曲二战历史的原因多样，性质不尽相同。一是"冷战"思维惯性作怪。这严重妨碍了一些国家的人们对二战历史做出客观的评价。二是政治图谋作怪。亦即借助歪曲甚至篡改历史，为其现实特殊政治目的服务。三是有些人要么无知，要么受歪曲宣传影响，人云亦云。

政治图谋作怪最为严重。针对俄罗斯，丑化苏联，矮化其历史地位，防范俄罗斯再起，逼迫俄罗斯走欧美发展道路，给普京从国情出发的内外政策施加压力。

从日本方面来看，它与德国的差别在于，二战后始终没有民族认罪感，也从来不承认是中国和亚洲国家的战败国。日本并没有从中国方面的不赔款等宽容政策中产生感恩之情。历史问题被提高到外交战略层面，要害是日本密切配合美国，试图遏制中国的和平崛起。

这里要特别提醒日本当局，世界反法西斯战争的胜利成果是否定不了的。

人们牢记，1943年12月1日，在第二次世界大战转入战略反攻的关键时刻，世界反法西斯战争的主要盟国——中、美、英领导人在开罗举行会议，商议对日作战和战后对日处理等重大问题，发表了具有历史意义的《开罗宣言》。宣言明确指出对日作战的宗旨：剥夺日本自1914年第一次世界大战开始后在太平洋上所夺得或占领之一切岛屿；使日本所窃取于中国之领土，如东北各省、台湾、澎湖群岛等，归还中国；其他日本以武力或贪欲所攫取之土地，亦务将日本驱逐出境。

人们牢记，1945年7月26日同盟国进一步发表《促令日本投降之波茨坦公告》。公告重申："开罗宣言之条件必将实施，而日本之主权必将限于本州、北海道、九州、四国及吾人所决定其他小岛之内。"公告庄严宣布："欺骗及错误领导日本人民使其妄欲征服世界者之威权及势力，必须永久剔除。"

《开罗宣言》是二战胜利成果的标志，是历史回归正义的标志，是给予日本法西斯应有惩罚的标志，是被日寇侵略的中华民族扬眉吐气的标志。日本当局，特别是右翼分子，不敢面对、千方百计要毁灭这个标志。这是国际法理难容的，是反法西斯战争历史难容的，是饱受侵害的中国人民和亚洲人民难容的。日本当局处理钓鱼岛问题的实质，不仅是对中国主权和领土完整的侵犯和践踏，更是对第二次世界大战胜利成果和对《开罗宣言》的公然诋毁。与此同时，日本当局还篡改历史教科书、否认南京大屠杀、参拜靖国神社、美化强行安置性奴即所谓"慰安妇"等罪恶行径，这些从深层意义上反映了根深蒂固的军国主义民族意识在新形势下再次发酵。

## 四

令人欣慰的是，日本有识之士大有人在，他们正义的呼声有力地驳斥了日本右翼势力的谬谈。

**日本学者论证钓鱼岛属于中国**

日本著名历史学家井上清教授在20世纪70年代初，根据实地调查所得以及查阅的中、日、琉三国历史文献资料，最终写成了7万余字的《钓鱼列岛历史与主权问题的解剖》一书，重点引用了中国明清两代出使琉球国使臣，即册封使的笔述记录，说明钓鱼列岛不属于琉球王国，而属于中国。他还引用了明朝嘉靖年间胡宪宗为抗倭斗争汇编的《筹海图编》一书中的图录来进一步论证钓鱼列岛属于中国。此外，他还引用日本学者有关论述来证明钓鱼岛不属于琉球国，而属于中国。仙台人林子平著有《三国通览图说》一书，书中插图将钓鱼列岛涂成与中国本土相同的颜色。"从这幅图可以一目了然，子平将钓鱼诸岛视为中国领土一事，一点问题也没有。"

井上清教授在该书前言中谈起了撰写此书的理由：自1971年美国国务院宣布明年将琉球群岛和包括中国的钓鱼列岛在内的"西南诸岛""交还"日本后，在日本社会上就出现了一股强烈"冲动"和"狂热"，日本政府及大小商业新闻用高压手段硬说钓鱼列岛在历史上是日本的领土。这一切引起了井上清教授极大关注和无比的愤怒。为了弄清历史真相，他自费从京都前往琉球进行实地考察，访问琉球当地老一辈居民。他说："据我对于甚为贫乏的琉球史料之认识而言，并没有关于这些岛屿曾为琉球王国领土的记录，因此想就教于冲绳人民。幸而在这次旅行中，收到冲绳友人之帮助，我方能确认所谓'尖阁列岛'的任何一岛均未为琉球所领有过。"他说道："正确言之，应该是中日甲午战争时日本掠夺中国的地方。果真如此，则在第二次世界大战时，日本无条件投降接受包括中国在内的联合国对日波茨坦宣言开始，根据该宣言的领土条款，即应自动归还中国。"

**日本外交界和政界人士证明存在钓鱼岛搁置争议的谅解**

日本《朝日新闻》2012年10月31日发表日本前外务省事务次官栗山尚一题为《双方应努力维持现状》的文章，内称：1972年，我作为外务省条约课长参与了日中邦交正常化谈判。据我所知(当时并不在场)，对于田中角荣首相所提的尖阁(即我钓鱼岛及其附属岛屿)问题，周恩来总理说现在不想谈，田中也没有进一步追问。我那时觉得，搁置和不谈这一领导人层面的"默契"就是如此达成的，至今也这么想。还说：1978年，在日中签署和平友好条约时，邓小平副总理说，让下一代来解决这个问题。对此，福田赳夫首相和园田直外相并没有积极驳斥。我的理解是，双方1978年再度确认了1972年所达成的"默契"。他表示，看看眼下的局面，想到日中关系稳定对整个亚太地区和平与发展的重要性，作为1972年谈判的参与者，我担心不已。

2012年9月12日，就在日本政府上演"购岛"闹剧的第二天，日本《东京新闻》刊登了对原日本外务省局长孙崎享的专访，他对日本政府的"购岛"行动提出了批评，引发各方关注。孙崎享说，中日双方确实是有搁置争议共识的，不过现在的日本政府为了某种目的不愿承认罢了。"1972年周恩来总理和田中角荣首相，1978年邓小平副总理和园田外相都曾达成过在钓鱼岛问题上搁置争议的共识，我作为原外务省国际情报局长，能够接触到各种外交情报，我的解读应该是没有错的。"

孙崎享认为，之所以日本现在不承认中日间曾有过共识，是因为日美同盟需要借钓鱼岛问题来扩充日本军备，比如购买F35战斗机、增加宙斯盾级战舰的数量等，美国的军方希望这样，日本也有人希望这样。他还对日本部分政治人物为了个人的政治目的而炒作钓鱼岛问题提出了批评。孙崎享说，从世界的发展潮流来看，日本的未来在亚洲，要把目光从美国转向亚洲，中日两国有着广阔的合作发展前景，必须尽量避免因为钓鱼岛问题对两国产生负面影响。他指出，搁置钓鱼岛争议仍然是解决钓鱼岛领土问题最好的办法。

日本前众议院议长、前自民党总裁河野洋平指出，安倍晋三为日本在第二次世界大战中侵略行为辩解、企图修改和平宪法的行为会损害日本的国际形象，破坏政府先前做出的承诺；前首相鸠山由纪夫指出，根据《开罗宣言》的精神，日本应该归还侵占的领土，中国主张对钓鱼岛拥有主权是可以理解的；日本民主党最高顾问、前财务大臣藤井裕久指出，在钓鱼岛问题上应该尊重周恩来、邓小平提出的搁置争议的主张；前外务省事务次官栗山尚一指出，中日曾就搁置钓鱼岛争议达成默契。

# 五

在维护二战胜利成果方面，俄罗斯的立场坚定，态度鲜明。

俄罗斯对于在二战中获得的领土绝不退让。南千岛群岛亦即日本的"北方四岛"，最多也就是可以将齿舞、色丹两个小岛（占争议地区领土面积的6%）交给日本。早在1956年苏日建交时发表的联合宣言中，苏联曾同意在苏日缔结和平条约后，将齿舞、色丹两个小岛交还日本。2004年俄罗斯再次决定归还齿舞和色丹岛。此方案一再被日本拒绝，日本则要求全部归还国后、择捉、齿舞和色丹四个岛屿。这种僵持状况还将持续下去。

从苏联到俄罗斯，涉及二战历史，始终坚守两条底线。底线之一，人们可以从多方面批判斯大林（有人甚至把斯大林妖魔化），但仍要维护他在二战中的贡献和作用。底线之二，日本"北方四岛"充其量退还齿舞、色丹。

人们注意到，在俄罗斯面前，日本不敢放肆，这是因为：1. 土地握在俄罗斯手里，你奈我何！日本只能望岛兴叹。2. 二战期间美国、英国主动承诺苏联在战后得以取得南库页岛以及千岛群岛全部主权，并签订《雅尔塔协定》。美国无法像在钓鱼岛问题上那样为日本帮腔。日本对俄罗斯之胆战心惊、一筹莫展，而对于中国之惯于搞讹诈、耍无赖，都与山姆大叔的态度密切相关。3. 俄罗斯拥有与美国相当的庞大核武库，可不是好惹的，日本心存畏惧。4. 普京的威严，日本已领教过。例如早在2005年11月普京访问日本前夕他就宣布，"俄罗斯对南千岛群岛拥有主权，这在国际法中已得到确认"；"这是第二次世界大战的结果，我们没有就此问题举行谈判的计划。"2013年4月底，日本首相安倍访问俄罗斯，在联合记者招待会上当日本记者提出领土问题时，普京严加斥责说："如果您想捣乱，继续直接提出强硬的问题，那您也一定会得到直接和强硬的答案。"总之，在俄罗斯面前，日本暴露了色厉内荏的本性。

俄罗斯领导人一再明确地、坚定地表示，不允许歪曲第二次世界大战的历史事件。普京总统在克里姆林宫举行的斯大林格勒保卫战胜利70周年招待会上说，俄罗斯应尽最大努力，使人们对这场战役的记忆永远不会模糊。俄罗斯坚决反对歪曲二战历史事件，反对出于政治目的重新审视这段历史，不允许抹杀那些使世界获得解放的人所建立的功勋。

# 六

日益深化的中俄全面战略协作伙伴关系以其独特的示范性，成为当今世界和平与发展的强大稳定因素。两国分别在2015年5月和9月举办隆重的二战胜利70周年纪念活动，彼此呼应，直面世界，不仅符合各自利益需要并有助于两国友好关系进一步攀升，而且会以巨大的活力推动世界格局多极化的发展。

基于正确评价二战的历史和客观面对当今世界的现实，形成了两国的全面战略协作伙伴关系。这种新型大国关系难能可贵，影响深远。

中俄都属于转型国家，都在探索和选择适合国情的发展道路，都需要良好的外部环境。双方的治国理念与举措也有相似之处。从理论上讲，两个大国之间的合作，既有共性问题，也有个性问题。在协作过程中尊重个性，弘扬共性，尽量将个性融入共性之中，这恰恰是中俄关系的精髓所在。

中国一再强调要把握20年战略机遇期，普京总统说"给我20年，还你一个强大的俄罗斯"。时间已过半，彼此都有紧迫感，因而越发需要强化和深化战略协作伙伴关系。鉴于两国领导人的远见卓识和博大胸怀，我们可以看到双方"四同"的趋势日趋明显。

一曰同气相求。中国有句古话"同声相应，同气相求"，也就是志同道合的意思。"中国梦"与"俄国梦"，其实都是致力于国家富强、民族复兴、人民幸福。

二曰同心协力。这表现在双边和多边合作之中。上海合作组织就是一个范例，"一带一路"战略与欧亚经济联盟对接又将是一个例证。

三曰同仇敌忾。双方在反对霸权主义和强权政治，反对恐怖主义、极端主义和分裂主义，反对核扩散等方面，携手并肩，有口皆碑。

四曰同舟共济。面对外部风险和挑战，金融危机、气候变化、环境污染等，密切配合，共克危艰。如中国古语所云，"患难见真情"。

中俄关系具有非常鲜明的特色。这表现在：不结盟而能实行真正的战略协作，关系密切而不存在依附性，维护各自尊严而不怀破坏颠覆对方之心，根据是非曲直处理国际事务而不搞双重标准，有利益差异而能通过平等协商解决，重视与超级大国美国发展关系而又反对单边主义，推进世界多极化而不谋求霸权。中俄关系是名副其实的新型大国关系，是平等互信、合作共赢的典范。

为了世界和平与人类发展，中俄新型大国关系的丰富经验值得弘扬光大。

# Российско-китайское сближение и структура международных отношений

А. Лукин [①]

Российско-китайское сближение – яркое явление современных международных отношений. В чем его причина? Вызвано ли оно нынешним ухудшением американо-российских и американо-китайских отношений, или имеет более фундаментальные истоки? Как оно меняет сложившуюся структуру международных отношений?

Нормализация российско-китайских отношений началась задолго до появления сегодняшних проблем во взаимодействии России и Запада. Однако это не означают, что эти проблемы, вызванные украинским кризисом, не влияют на двусторонние отношения. В результате, возник новый тип российско-китайских отношений, основанных не на идеологии, а на прагматических интересах, и направленных на синергетическое наращивание собственного влияния в мире, но не против третьих стран. Они получили название «стратегического партнерства и взаимодействия».

К общим интересам, которые лежат в основе российско-китайского сближения, можно отнести следующие:

1. Общее стремление к уходу от однополярного и перехода к многополярному или многополюсному миру. Это стремление объясняется тем, что в мире, в котором доминируют США и их западные союзники, Россия и Китай не видят возможности обеспечения

---

① А. Лукин: руководитель департамента международных отношений НИУ «Высшая школа экономики», директор Центра исследований Восточной Азии и ШОС МГИМО(У) МИД России, д.и.н.

своих интересов как в области безопасности, так и в сфере экономики. Как крупные страны, имеющие собственные подходы к различным международным проблемам, они могут более свободно реализовывать эти подходы в мире, где есть не один, а несколько лидеров, и где единственный центр силы не мог бы диктовать им свои монопольные условия.

Сотрудничество с Китаем крайне важно для России в международном плане. Китай разделяет российский взгляд на будущее устройство мира, определяемый понятием «многополярность». Реально это означает, что обе страны хотели бы видеть мир, в котором не доминирует лишь одна сила, а взаимодействуют между собой несколько центров влияния, при этом руководствуясь международным правом и уставом ООН. За идеалом «многополярности» скрывается очевидная реальность: Россия и Китай, так же, как и некоторые другие государства мира, достаточно велики, чтобы иметь собственные интересы и подходы к проблемам регионального и мирового развития. Их не устраивает мир, в котором полностью доминирует одна сила, не учитывающая их интересы. Зато их вполне устраивает послевоенная структура мира и сложившаяся система международного права, в рамках которой высшим авторитетом является Совет Безопасности ООН.

Эти принципы Китай и Россия разделяют с другими важнейшими государствами незападного мира, прежде всего, объединившимися в группу БРИКС. Они рассматривают себя как лидеры незападного мира, стремящиеся реформировать существующую систему глобального управления, не подрывая или разрушая ее, но постепенно обеспечивая в ней достойную роль представителей растущих экономик и «Юга» в целом. Ожесточенное сопротивление этому курсу Запада – основа все большей консолидации и нарастания активности БРИКС.

2. Стремление сохранить систему международного права, основанную на принципе суверенитета государств, ядром которой является ООН и ее Совет Безопасности. Будучи единственными

представителями незападного мира в СБ ООН, и Москва, и Пекин заинтересованы в сохранении ведущей роли этого органа, так как право вето уравнивает их влияние с влиянием Запада, в то время как по всем прочим параметрам они во многом объединенному Западу уступают.

Статус постоянных членов Совета Безопасности ставит их в равное положение с США – государством, во всех других отношениях более мощным и, естественно, стремящимся видоизменить эту систему, сковывающую их возможности. Принцип абсолютности суверенитета государств не позволяет ведущему центру силы навязывать свою волю другим государствам в сфере внутренней политики. Именно поэтому и Россия, и Китай, отличающиеся от западных государств по внутриполитическому устройству и подвергающиеся из-за этого серьезному давлению, с крайней настороженностью относятся к концепциям, подрывающим суверенитет и оправдывающим «гуманитарные интервенции» (например, к концепции «ответственности по защите»).

3. Позиции России и Китая по региональным конфликтам близки или совпадают. Это проявляется в одинаковом голосовании в ООН по Корейской ядерной проблеме, ядерной программе Ирана, ситуации в Ливии и Сирии, а также в тесной координации линии по этим и другим региональным конфликтам.

4. Россия и Китай заинтересованы в реформировании международной финансовой системы, увеличении роли незападных государств во Всемирном банке и МВФ, расширении использования региональных валют в международной торговле и т.д.

5. Россия и Китай необходимы друг другу как торгово-экономические партнеры. С 2010 года Китай является первым торговым партнером России. Он наполняет российский рынок не только потребительскими товарами, но и во все большей степени машинами и оборудованием. Доля Китая во внешней торговле России составляет более 10%. Китай также входит в десятку ведущих инвесторов в российскую экономику.

Российская доля в общем внешнеторговом обороте Китая сравнительно мала – всего около 2%. Однако Китай получает из России ряд товаров, которые он не может приобрести у других поставщиков (например, вооружения из-за санкций Запада). Россия также поставляет некоторые товары (прежде всего, энергоносители), которые Китай не может получить у других стран в достаточных количествах, по приемлемой цене и источники которых он хотел бы максимально диверсифицировать.

6. Бурно растущее сотрудничество между приграничными регионами двух стран играет значительную роль в развитии российских Сибири и Дальнего Востока и Северо-Восточного Китая.

7. Россия и Китай активно сотрудничают в Центральной Азии, прежде всего в рамках Шанхайской организации сотрудничества (ШОС), добиваясь здесь общих целей: экономического развития этого региона, поддержания политической стабильности и сохранения у власти светских режимов.

8. И Россия, и Китай отрицательно относятся к советам извне относительно их внутриполитического устройства, называя это «вмешательством во внутренние дела», а также поддерживают друг друга в борьбе с сепаратизмом. И в России, и в Китае все больше не приемлют ценностей, которые Запад навязывает всему миру в качестве «универсальных» и «всеобщих». Китай и Россия не предлагают другим странам мира свою модель, тем более не стараются навязать ее. Этим занимается Запад, который прикрывает идеологией «демократизма» старую идею превосходства над остальными расами, народами и цивилизациями. Но Москва и Пекин решительно отвергают западный диктат. Какая система в конце концов сложится в этих двух странах: похожая на западную или какая-то иная — сейчас сказать трудно. Но в любом случае она должна сложиться на основе внутреннего развития российского и китайского обществ. Навязывать таким крупным странам ценности и политические системы, которые большинство их населения не готовы принять, — политика

бессмысленная и опасная, она способна вызвать хаос, по сравнению с которым ситуация в Ливии или Ираке, где такая попытка была сделана, покажется верхом стабильности. Пока можно сказать, что общества, складывающиеся в России и Китае, несмотря на всю свою вестернизированность, отличаются от западного, но отличаются по-разному. Россия, в принципе не отрицая западные принципы политического устройства, все более расходится с Западом в смысле моральных ценностей. В России все большее влияние получают религиозные конфессии, отрицающие гомосексуальные браки, эвтаназию, суррогатное материнство, радикальный феминизм и прочие явления, распространение которых на Западе считают торжеством свободы и либерализма. В Китае с его прагматической культурой, где монотеистические религии с их верой в непознаваемого Бога и сообщаемые им абсолютные моральные заповеди, никогда не имели широкого распространения, западные моральные инновации могут быть приняты гораздо легче. Однако китайскому обществу гораздо труднее согласиться с западной идеей превалирования индивидуальных прав над общественными и государственными целями. Таким образом, Китай будет расходиться с Западом именно во взглядах на общественный идеал и на политическое устройство общества, которое должно обеспечить осуществление этого идеала. Не случайно основным правом человека в Китае считают право на жизнь: если человек умирает от голода, то зачем ему свобода собраний или совести. Сначала ему надо обеспечить материальный достаток, а это возможно только усилиями всего общества.

Эти общие интересы создают базу для последовательного сближения Пекина и Москвы. Слияние ситуации на Украине и санкций Запада на этот процесс необходимо рассматривать в общем контексте этого процесса, имеющего многолетнюю историю.

Таким образом, хорошие отношения с Китаем нужны России как по политическим, так и по экономическим причинам. Китай – важный стратегический партнер России, и именно благодаря связям с ним (как и с другими странами Азии) российская политика способна стать менее односторонней, приобрести собственное лицо, а Россия – превратиться в один из центров мирового влияния. Курс руководства В.В.Путина на превращение России в более самостоятельную и мощную державу естественным образом подразумевает выстраивание ее партнерских отношений со всеми незападными центрами силы, из которых Китай России наиболее близок и необходим Москве как близкий сосед и важнейший экономический и геополитический партнер. Сотрудничество с Китаем объективно усиливает позиции России на международной арене в качестве независимого центра силы.

Китай также заинтересован в России как в геополитическом и экономическом партнере. Пекин предпочитает стабильную и сильную (хотя, возможно, и не слишком мощную) Россию. Стабильная Россия, способная стать независимым центром силы, интересует Пекин как определенный противовес в его сложных партнерско-конкурентных отношениях с США и Западной Европой, как один из гарантов, способных обеспечить его «независимую и самостоятельную» внешнюю политику. Стабильная ситуация на границе с Россией, так же как и с другими соседями, имеет большое значение для экономического развития Китая, то есть для осуществления основной цели, поставленной нынешним руководством страны. Именно поэтому Пекин все последние годы настойчиво и конструктивно подходит к решению пограничных проблем, проблем миграции и двусторонней торговли. Китай хотел бы видеть Россию стабильной и экономически развитой, он готов конструктивно содействовать развитию приграничных российских регионов, и страхи относительно его намерений, раздуваемые некоторыми российскими оппозиционными политиками и СМИ, ему не понятны.

В то же время и в Москве, и в Пекине прекрасно понимают значение конструктивных партнерских отношений с Западом, которые крайне необходимы обеим странам для укрепления своего положения на международной арене, решения важных международных задач (например, в области нераспространения ОМУ), а также задач экономического развития. Именно поэтому и Китай, и Россия выступают против создания антизападного военного союза.

Таким образом, конструктивные отношения сотрудничества, тесные, но не доходящие до крайностей как враждебности, так и союзничества, полностью соответствуют интересам и России, и Китая, если, конечно, под интересами России понимать ее становление в качестве сильного, стабильного и экономически процветающего государства, проводящего независимую, но ответственную внешнюю политику, а не превращение ее в младшего брата «цивилизованного мира» и передового бойца с «китайской угрозой» или, наоборот, младшего брата нового центра коммунистического движения и передового бойца с «мировым империализмом».

Хотя Россия и Китай продолжали бы сближение и без украинского кризиса, нынешнее охлаждение в отношениях между Россией и Западом способствует ускорению и углублению этого процесса. Например, заключение двух крупнейший соглашений по экспорту российского газа в Китай в 2014 году, переговоры о которых велись долгие годы, могло состояться и в другой международной обстановке, но возможно, они тянулись бы дольше и не были бы столь конструктивными. То же можно сказать и обо всех прочих контрактах и соглашениях, подписанных во время визита президента В.В.Путина в Пекин в мае 2014 г., премьера Госсовета КНР Ли Кэцяна в Москву в октябре 2014 г., посещения В.В.Путиным саммита АТЭС в ноябре 2014 г. и визита Си Цзиньпина в Москву в мае 2015 г.

Впрочем, значение газовых контрактов с Китаем не стоит переоценивать. Это лишь небольшая часть общего объема двусторонней торговли и всего комплекса сотрудничества, которое имеет многосторонний и самоценный характер и прямо не обусловлено отношениями Москвы и Пекина с другими государствами.

Похолодание между Россией и Западом пока сказывается не только на на конкретных решениях, но на появлении серьезного отношения к сотрудничеству с Китаем в самых различных кругах российского общества. Необходимость наращивания этого сотрудничества все в большей степени понимается не как декларация, а как насущная практическая необходимость. Это новое понимание касается как государственных чиновников, так и представителей крупного бизнеса.

Показательно, что в марте 2014 года крупный и (по словам самого российского президента[①]) близкий к В.В.Путину бизнесмен Г.Н. Тимченко, попавший под американские санкции, возглавил Российско-китайский деловой совет – ассоциацию российских предпринимателей, работающих с Китаем. Другим свидетельством поворота бизнеса к Китаю являются просочившиеся в прессу сведения о планах «РусГидро» продать блокирующий пакет акций дальневосточного энергетического холдинга «РАО ЭС Востока» китайской кампании Санься, с которой «РусГидро» создает СП по строительству ГЭС на Дальнем Востоке.[②] Ранее китайские инвесторы, в отличие от западных, не допускались до владения российскими топливно-энергетическими кампаниями под предлогом возможного подрыва национальной безопасности.

Но наиболее яркое свидетельство принципиального сдвига в российско-китайском сотрудничестве – подписание 8 мая 2015 года лидерами двух стран в Москве совместного заявления о сотрудничестве по сопряжению строительства Евразийского экономического союза (ЕАЭС) и проекта экономического пояса «Шелковый путь». В этом документе Пекин фактически поддержал деятельность ЕАЭС, несмотря не враждебное отношение к этому объединения Запада, да и собственные сомнения. При этом, он почти полностью согласился на российские предложения, первоначально выработанные группой

---

① Прямая линия с Владимиром Путиным. 17.04.2014. http://www.moskva-putinu.ru/#page/main

② Наталья Скорлыгина, Владимир Дзагуто. Китай вольется в российскую энергосистему. Sanxia может купить блокпакет «РАО ЭС Востока». КоммерсантЪ-Власть. 21.11.2014. http://www.kommersant.ru/doc/2615293

экспертов «Валдайского клуба» - экспертного механизма, работающего в тесном сотрудничестве с администрацией российского президента, и поддержанные руководством страны.[1] Эта история показывает заинтересованность Китая в сотрудничестве с Москвой, ради которой он готов идти на определенные компромиссы. Она также демонстрирует возросших интерес российского правительства к экспертизе по китайскому вопросу.

Вероятно, подобную поддержку России, по указанным выше причинам, Пекин будет оказывать и впредь. В то же время, естественно, что такая крупная и независимая страна, как Китай, не будет помогать России в ущерб собственным интересам или торговать себе в убыток. У Китая – слишком много собственных проблем, чтобы углублять их за счет помощи другим. Поэтому основными принципами российско-китайского сотрудничества и впредь будут взаимная заинтересованность и взаимная выгода. Только на этой основе две страны смогут сотрудничать конструктивно и эффективно.

Российско-китайское сближение коренным образом изменит геополитическую карту мира, и сильно видоизменит парадигму его развития, в рамках которой Запад действовал весь период после краха СССР. Как точно заметил Д.В.Тренин, на наших глазах вместо провозглашенной тогдашними лидерами Запада и М.С.Горбачевым «Большой Европы» от Лиссабона до Владивостока начинает складываться «Большая Азия», а, точнее, «Большая Евразия» от Минска до Шанхая.[2] Основой этого объединения, кроме российско-китайского стратегического партнерства, будет целый ряд международных организаций и групп, каждая из которых проявляет все большую активность и расширяются на фоне украинского кризиса. Это

---

① РФ и Китай договорились о «состыковке» проектов ЕАЭС и «Шелковый путь». 08.05.2015. http://tass.ru/ekonomika/1956881

② Dmitri Trenin, From Greater Europe to Greater Asia. The Sino-Russian Entente. Carnegie Moscow Center. April 2015. http://carnegieendowment.org/files/CP_Trenin_To_Asia_WEB_2015Eng.pdf

ШОС, ЕАЭС, ОДКБ, БРИКС.

Все эти и другие группы и институты со временем и составят систему Большой Евразии. Государства Большой Евразии не будут связаны союзническими отношениями, как США и их европейские сателлиты. Некоторые из них могут относиться к различным центрам силы. Однако в целом они будут составлять некое единство, объединенное коренными интересами. Именно такое демократическое единство Большой Европы не смогли создать США и их союзники. Пытаясь подчинить всех своему жесткому диктату, они присоединили к системе своих союзов большую часть Восточной Европы, но потеряли Россию, Центральную Азию, все более антагонизируют Китай и Индию, заставляя их двигаться все ближе друг к другу, даже несмотря на значительные противоречия. Для кого это удача, а для кого – поражение, покажет будущее.

# 保卫和平，
# 沿着丝路走向稳定与繁荣！

李永全①

　　第二次世界大战结束70年了。回首70年的世界历史进程，我们不仅缅怀那些为世界和平而献身的英雄们，我们也应该反思历史，珍惜现实和平环境，维护和平发展的前景。

## 一、缅怀英雄是人类良心使然

　　第二次世界大战期间，人类生存受到德国法西斯和日本军国主义的威胁。

　　为了保卫世界和平，全世界人民不分种族、信仰和意识形态，都联合起来，为和平而战，为人类生存而战。

　　第二次世界大战期间，人类损失了数千万人。苏联损失2700万人，中国在抗日战争期间死伤3500万人。数百万人在抗击纳粹主义和日本军国主义的战斗中牺牲。人类的物质损失更是无以计数。因此中俄两国人民最了解战争的残酷，最珍惜今天的和平生活。缅怀那些为和平和保卫人民而献身的英雄们，是人类的良心使然。因此不能容忍那些侮辱二战英雄的行径，不能容忍破坏战争记忆的行为。

---

　　① 李永全：中国社会科学院俄罗斯、东欧中亚研究所所长、研究员。

# 二、中俄是二战胜利的重要保证

第二次世界大战期间，苏联作为抗击纳粹的主要战场，苏联红军作为抗击纳粹主义的主要力量，为和平做出了巨大贡献。这个历史是不能抹杀、不能忘记的。

中国作为抗击日本军国主义的主战场，经过14年的艰苦斗争，不仅抗击侵略者，也拖住了日本关东军的主力，为欧洲战胜德国法西斯创造了条件。战胜德国法西斯和日本军国主义是全世界爱好和平的人民的胜利，苏联和中国人民为胜利做出的贡献和付出的牺牲是第二次世界大战历史中最值得记忆的史实。

5月9日胜利日隆重的纪念活动结束了，给世界留下了深刻的印象。9月3日的胜利纪念活动正向我们走来。今年胜利日纪念活动真是不平凡，两个为赢得和平做出巨大贡献的国家携手纪念具有世界历史意义的伟大事件，昭示了两国对和平的珍视和对先烈的缅怀。

70年过去了，中俄仍然是地区稳定与和平的重要力量。

## （一）感谢俄罗斯（苏联）对中国抗日战争的援助

二战期间，苏联不仅动员全国力量抗击德国法西斯，也对中国的抗日战争给予重要援助。2005年，时任中国国家主席胡锦涛在纪念抗日战争胜利60周年时说，在抗日战争中苏联是最早向中国提供援助的国家。中国的抗日战争实际上从1931年"9·18"日本关东军占领沈阳后就开始了。因此，中国的抗日战争不是8年，而是14年。张学良正规军撤退后，东北的李杜、王凤阁等以及黑龙江省省长马占山与日寇进行了激烈战斗。中国东北抗日战争得到苏联巨大援助。共产党人杨靖宇、赵尚志、周保中等成为著名的抗日英雄。在1945年8月苏联挥军进入中国东北前，抗联战士回国收集日军情报，配合苏联军队作战，为最终战胜日本军国主义做出重要贡献。1945年8月日本天皇发布投降诏书后，盘踞在中国东北的日本军队仍然负隅顽抗。在苏联的帮助下，中苏最终战胜日本军国主义，赢得亚洲和平。中国人民不会忘记在中国领土上为战胜日本军国主义而献身的俄罗斯军人，不会忘记苏联的援助。今天中俄两国仍然是亚洲安全与稳定的重要力量。

## （二）二战后70年的地缘政治变化不能改变历史真相

在我们纪念卫国战争和第二次世界大战胜利70周年之际，世界形势与70年前相比已经发生天翻地覆的变化。20世纪80年代末90年代初在苏联和东欧地区发生的变化，对世界历史进程的发展产生巨大影响。

世界各国和独联体国家在纪念二战胜利70周年的时候，我们发现，对第二次世界大战的评价正在发生变化。1. 欧洲对二战的评价的变化。今天对二战的评价与70年前有很大区别，因为东欧国家政治制度变了、价值观变了，今天的地缘政治利益与70年前已经发生天翻地覆的变化。2. 独联体国家对二战评价的变化。他们开始弱化苏联的历史痕迹，强化主权国家的意义。有些独联体国家不再称反法西斯战争为"伟大的卫国战争"，而是称"1941—1945年战争"。3. 各国更多地从今天的地缘政治利益考虑来确定纪念二战胜利的基调。

但是，无论世界发生什么样的变化，无论今天的地缘政治形势如何，历史的真实是不能修改的。否则，我们就愧对那些为了和平而捐躯的英魂。

在纪念二战胜利70周年之际，我们应该从70年前的战争和70年的和平中吸取历史的教训。那就是：1. 和平是全人类的事业，当和平受到威胁时，只有全人类共同努力才能够拯救和平、拯救世界。因此在当今世界中任何国家都不应该追求对自己的绝对安全，更不应该以牺牲别国利益求自身安全。2. 人类面临的许多问题都与发展有关，发展不足、发展不平衡等，但是和平是发展的基础，失去和平的环境也就失去了发展的最起码条件。3. 应该积极维护以联合国为主要标志的二战胜利成果，维护"国家无论大小，一律平等"的国际关系准则，维护和平共处五项原则。4. 中俄是维护世界和平的积极力量，是维护地区稳定的最重要因素，加强中俄全面战略协作伙伴关系就是维护和平，为发展保驾护航。

还应该强调的是，那些对在二战期间犯下的侵略罪行和反人类罪行没有正确认识的政客们应该清楚，只有面对历史，才有未来，只有与丑恶、罪恶的历史有一个了断，才能够赢得爱好和平的人们的信任，否则将永远背负沉重的历史包袱！

## 三、保卫和平的成果，沿着丝绸之路走向共同繁荣

第二次世界大战结束70年了，70年的和平是二战胜利的最主要成果，这个成果的取得还得益于战后以联合国为核心的和平机制的建立。遗憾的是，客观上，战后国际关系大都是以实力为基础的，于是炫耀武力、炫耀实力、靠牺牲别国利益保证自身安全的自私自利行为很盛行。政治上推行自己的体制和价值观，军事上炫耀实力和武力，经济上转嫁危机和生态负担，如此等等，这是战后国际关系不平等的主要根源。

因此，以全新的态度和包容的精神建立新型国际关系、维护和延续70年的和平成果是人类面临的迫切问题。

目前，中国提出的"丝绸之路经济带"和"21世纪海上丝绸之路"战略倡议反映的是全新的国际关系准则。这是以平等互利、合作共赢为核心，以建立利益共同体和命运共同体为目标的合作模式。中俄两国领导人已经做出重要决策，将丝绸之路经济带建设和欧亚经济联盟建设对接，确保地区经济持续稳定增长，加强区域经济一体化，维护地区和平与发展。可以预计，"和平合作、开放包容、互学互鉴、互利共赢"的丝绸之路精神将会发扬光大。

# 继承二战友好合作传统
# 构建新型经济战略协作关系

夏义善[①]

中国抗日战争是中国人民反抗日本侵略的正义战争，是世界反法西斯战争的重要组成部分。在这场决定中华民族命运的大决斗中，中国人民同仇敌忾，浴血奋战，最终打败了军事上占绝对优势的凶残敌人，维护了国家独立和民族尊严，也为世界反法西斯战争的胜利做出了重大贡献。在纪念中国抗日战争和世界反法西斯战争胜利70周年之际，我们不仅要缅怀从1931年"九一八"事变到1945年日本投降整个14年漫长岁月中死难的同胞和为国捐躯的英烈，而且要铭记那些在艰难岁月给予过我们同情、支持和援助的友好国家和国际友人，特别是我们的友好邻邦苏联。

正是苏联在中国遭受日本侵略、压迫欺凌，国家处于生死存亡的危急关头，同情和支援了我们，对中国抗日战争的胜利作出了重大的贡献。当然苏联对中国的援助，实际也是援助自己。因为中国的抗战拖住了日本大部分兵力，牵制了日本"北进"计划，使苏联能够将主要兵力用于对德作战，并最终打败了德国法西斯。中国和苏联在反对日本法西斯的斗争中相互支持，友好合作，结成了深厚的友谊。这种友好合作精神不仅贯穿于抗日战争始终，而且延续到新中国成立后的20世纪50年代。这一时期，苏联援助中国完成了156个建设项目，奠定了中国工业化的基础。当今，这一精神在两国经济

---

① 夏义善：中国国际问题研究院研究员。

合作中得到了弘扬，并为实现俄罗斯发展战略与中国丝绸之路经济带建设的对接、构建中俄新型经济战略协作关系发挥了重要的作用。

## 一、苏联在中国抗日战争的各个阶段都对中国提供了各种不同形式的支援，对打败日本侵略者起到了重要的作用

（一）日本1931年发动"九一八"事变后，苏联发表声明予以谴责，暗中支援东北抗日军民，为他们提供庇护所。

日本发动"九一八"事变后，由于当时中国国民政府一再坚持"不抵抗政策"，东北在短短的四个月内全部沦陷，3000万中国人成了亡国奴。但是不愿做亡国奴的东北各阶层群众和东北军部分官兵及警察部队纷纷组成东北抗日义勇军。中国共产党创建了十几支抗日游击队，最后发展成有11个军的东北抗日联军。这些抗日武装在东北各地同日本侵略者英勇战斗。

苏联当时处于复杂的国际环境，出于对自身安全的考虑，虽然未与日本正面冲突，但是苏联利用各种场合揭露和谴责日本的侵略行径，在道义上、政治上支援中国抗战。1931年9月24日，苏联外交人民委员李维诺夫发表声明，表示"苏联在道义上、精神上、感情上完全同情中国，并愿意提供一切必要的帮助"。苏联《真理报》发表了多篇文章，指出日本军国主义占领东北是侵略，目的是把中国变成第二个朝鲜。苏联暗中支援和接济东北的抗日义勇军和抗日联军，为东北抗日军民提供庇护所。苏联无条件接纳受到日寇追杀逃到苏联境内的抗日义勇军和抗日联军。1940年，最后一支1000人的抗日联军退到了苏联境内，加入苏联红军序列，但仍受国内领导和向国内输送干部。1945年苏联对日宣战后，这批战士作为苏联红军的先锋，进入东北，消灭日本关东军。最近在东北发现了一个20世纪30年代修建的地道，连接黑龙江省东宁县和俄罗斯滨海边疆区，是东北抗日联军与苏联远东军的联络通道。这处地道的发现，印证了东北抗日联军与苏联之间存在的密切联络。

（二）1936年12月发生西安事变，苏联提出和平解决的主张，促

成了中国抗日民族统一战线的建立和全民族的抗战。

日本侵略者在1931年制造"九一八"事件侵占了东北后，又相继在1932年1月挑起淞沪战争，1933年侵犯长城一线，接着又侵占察哈尔东部，进攻绥远和内蒙。1935年，日本侵略者制造华北事变，企图将华北五省分离出中国。民族危机进一步加剧，在中华民族面临生死存亡的紧要关头，张学良和杨虎城二将军为推动国民政府停止内战、一致抗日，发动了"兵谏"，扣留了蒋介石。这时，杀蒋介石还是放蒋介石是摆在张、杨面前的两种选择。如果选择前者，中国内部会大乱。选择后者，会是国共合作的建立和全民族抗日的实现。这时苏联和中共主张放蒋介石和和平解决。这一主张对中国抗日统一战线的建立、全民族抗战局面的形成起到了重大的作用。

（三）1937年"七七事变"爆发，中国转入全民族抗战。苏联在世界大国中，率先对中国提供了援助。

"七七事变"后，西方列强犹豫观望，美国直到1941年日本侵袭珍珠港后才改变观望态度，苏联则立即给予援助。苏联的援助集中在以下几个方面。

首先，苏联坚定地站在中国一边，反对日本对中国的野蛮侵略，呼吁世界各国联合起来制裁日本。

其次，应中国政府的要求，向中国提供了三笔贷款，共计2.5亿美元。

第三，向中国派出了军事顾问团，团长是朱可夫将军，即苏联在欧洲战场的杰出统帅。

第四，从1937年到1941年苏德战争爆发，向中国提供了904架飞机、1140门大炮、82辆坦克、9720挺机枪、5万支步枪以及其他武器弹药。

第五，向中国派出了航空志愿队。抗日战争爆发后，年轻的中国空军的飞机在1937年年底几乎损失殆尽，无力起飞作战，日本空军掌控了制空权，恣意向尚未沦陷的城市、乡村扫射、投弹，造成中国军民大量伤亡。应中国国民政府的请求，苏联向中国陆续派出了近千架飞机（包括轰炸机、战斗机和运输机）、2000多名驾驶员组成的空军志愿队来华作战。苏联空军志愿队员在武汉、南京、广州、台湾、南海给予日本空军海上运输船和地面部队沉重的打击。志愿队中有二百多人遇难，将热血洒在中国的江、湖、陆地和海洋。我的家乡武汉，有一百多名苏联空军志愿队员牺牲在这里。武汉人民传颂和铭记苏联空军志愿队员驾驶飞机与日本侵略者空战和击落日机的英勇业绩。库里申科大队长是武汉地区家喻户晓的英雄人物。在武汉解放公园埋葬着15名苏联英雄的遗体，武汉市政府为他们修墓、立碑，表达了中国人民对他们的感激与怀念。

第六，苏联红军在打败德国法西斯后，稍作准备，就挥师东北，仅用数周时间就击溃和消灭了日本精锐关东军，对迫使日本法西斯投降起到了重要的作用。苏联出兵东北是美国请求的，因为美国人知道，如果苏联不参战，对日战争可能还要延续几年，美国为此将要付出数十万军人生命的代价。

苏联在抗日战争中支援中国人民，也是支援自己。因为中国抗日战争是世界反法西斯战争的一部分，中国军民在抗日战争中的每一个胜利都会鼓舞和加强欧洲反法西斯阵线，有利于阻止日本法西斯"北进"，有利于苏联将主要军力集中在欧洲战场、打击德国法西斯。在抗日战争中，中国不仅在战略上支援苏联，而且也在物资、情报和人员上有力地支援了苏联。在物资上，中国向苏联提供了5万多吨军事工业急需的钨、锑、锡等重要金属和数以万吨计的农牧产品。在情报方面，中共党员阎宝航获得德国准备在1941年6月22日前后进攻苏联的情报，并立即通过延安发给了共产国际，为苏联最高统帅部的决策提供了参考。在人力上，许多在苏联的中国人以各种形式直接或间接地参加了苏联的卫国战争。刘亚楼、唐铎等人以苏军指挥员的身份直接参战，毛泽东的儿子毛岸英也参加了苏军，转战南北，与苏联军人并肩作战。苏联国际儿童院的中国孩子们，尽管年龄幼小，但与苏联人民一起，挖战壕，缝军衣，照顾伤员，为打败德国法西斯做出了贡献。中苏两国人民在共同反对法西斯的斗争中，利益攸关，相互支持，友好合作，结成了深厚的友谊，这种友谊持续了70年，传承至今，经久不衰。

## 二、苏联在新中国成立后，发扬二战中友好合作的精神，帮助建成156个项目，为中国工业体系的建立奠定了基础

新中国成立后，从1950年到1959年近十年内，苏联向中国提供了大规模的经济援助，对中国经济的恢复发展起到了巨大的作用。苏联的援助主要有两项。一是向中国提供了3亿美元的低息贷款，年息仅1%，用于购买苏联的机器、设备。二是帮助中国完成了156个国家级的项目。这些项目分布在中国国民经济各个部分：机械制造、能源、钢铁、有色金属、化工、机电、轻工、国防。通过156项工程建设，中国引进了大量苏联最先进的成套设备，为中国建成一大批骨干企业，如鞍钢、武钢、一汽、东北三大动力企业，156项工程的完成使中国拥有一批门类齐全的国家急需的现代企业，为中国工业化奠定了基础。

在引进成套设备的同时，也引进了设备和工艺等新技术，这实际上是一次史无前例的技术转让，极大提高了中国设计和工艺水平。

为了完成156项工程项目，苏联向中国派出了1.8万余名苏联专家，他们不仅指导完成了156项工程建设项目，而且还培养了大批中国专业技术人员，这些人员成为中国数十年经济建设的技术骨干。在第一批苏联专家来华前，斯大林就指示苏联专家要把所有的知识和技能告诉中国人，直到他们学会为止。要求专家们服从中国领导的分配，接受他们的领导。苏联国家领导人和苏联驻华总顾问阿尔希波夫反复向苏联专家强调，"最了解中国情况的是中国人自己，必须尊重他们，听取他们的意见，离开他们，苏联专家是无法展开工作的。"

我是苏联援建的156个工程项目建设的见证人和参与人。20世纪50年代我曾在周总理亲自领导、毛主席十分关心的长江水利委员会做俄文翻译工作。长委会承担长江及其最大的支流汉江的规划以及三峡水利枢纽、丹江口水利枢纽的设计和施工，从1955年到1959年先后聘请了数十名苏联专家。这些专家专业精湛、作风严谨。例如我为其当翻译的斯彼林专家曾任伏尔加河高尔基水电站的总设计师，

多次获得苏联政府颁发的勋章和奖状。他人品好，与中国领导和专业技术人员相互理解、相互尊重、密切配合，出色地完成了他所承担的技术指导任务。在他指导下完成的丹江口水库运转良好，而且现在是南水北调中线的源头。三峡枢纽这一世界级的世纪工程，苏联专家帮助完成了初步设计，后来施工是中国工程技术人员独立完成的，质量优等，为长江中下游防洪、发电和航运发挥着重要的作用。这里都有苏联专家的贡献。苏联专家对中国技术人员的指导非常耐心、毫无保留。有一种意见认为，得益于苏联专家的指导，中国工程技术人员的成长时间至少缩短五年。苏联专家是中苏友好的使者，他们不仅把精湛的技术传送到中国，而且也在中国洒下了中苏人民友好的种子。同我一道工作过的或我曾接触过的苏联专家们都已作古，但他们对工作的一丝不苟、对中国人民的深情厚谊仍清晰地留在我的记忆里，他们之中包括苏联总顾问阿尔希波夫和援建中国第一座长江大桥——武汉长江大桥苏联专家组组长西林，我一直珍藏着同他们在一起的照片。今年5月，习近平总书记赴莫斯科参加俄罗斯纪念卫国战争胜利70周年庆典时会见了苏联专家和他们的亲属代表，其中有阿尔希波夫和西林的亲属。这表明，中国人民没有忘记这些援华专家们，中国对他们的工作给予高度评价。这同时表明中国和俄罗斯必定会共同传承自二战以来结成的深厚友谊，开创中俄关系更加美好的明天。

## 三、继承二战友好合作传统，实现丝绸之路经济带建设与欧亚经济联盟建设对接，构建中俄新型的经济战略协作伙伴关系

当前，中俄都面临复杂的国际环境和国内经济转型与持续发展的艰巨任务。为了解决这一问题，中俄需要继承传统，友好合作，共同构建中俄新型的战略协作伙伴关系。当前首要的是要搞好欧亚经济联盟、俄罗斯欧亚大铁路、俄罗斯远东和东西伯利亚大开发计划与丝绸之路经济带建设的对接，为中俄经济战略协作关系奠定牢固的基础。

习近平总书记2013年提出丝绸之路经济带倡议接近两年，得到了沿线国家的广泛响应，俄罗斯更是积极支持，并迈出重要步伐：一是加入亚洲基础设施投资银行，并成为其创始成员国。二是今年5月习近平总书记访问期间，俄罗斯与中国发表了《丝绸之路经济带建设和欧亚经济联盟建设对接的联合声明》，俄方支持丝绸之路经济带建设，愿与中方密切合作，推动落实该倡议。中方支持俄方积极推进欧亚经济联盟框架内一体化进程，并决定启动与欧亚经济联盟经贸合作方面的协议谈判。三是中俄计划合作修建北京到莫斯科的高速铁路并延伸到欧洲，决定先修喀山到莫斯科的高速铁路，并开始设计和施工准备。为此，双方在今年5月签署了中方向俄方提供3000亿卢布，约合60亿美元的贷款合同，从而启动了亚洲最长、投资额最大的一个铁路基础建设项目。

俄罗斯在丝绸之路经济带建设中处于优势地位：1. 俄罗斯横跨欧亚，又主导建立了由俄、白、哈、吉、塔、亚组成的欧亚经济联盟，在丝绸之路经济带中占有很大一片地域，影响很大。2. 在中国的"一带一路"倡议中共有六个经济走廊，其中有两个与俄罗斯有关系：中俄蒙经济走廊和新欧亚大陆桥。这两个经济走廊地域辽阔，政治稳定，资源丰富，投资安全，基础建设投资容量大。3. 中俄蒙经济走廊建设规划已完成草案，正听取意见，修改完善。

现在，中国已把建设丝绸之路经济带作为对内带动经济转型、发展的杠杆，对外促进共同繁荣的利器。俄罗斯决定利用丝绸之路经济带建设，推动国家振兴和欧亚经济空间一体化建立。中国和俄罗斯的经济发展战略虽各不相同，但目标一致，是完全可以对接、协调和统一起来的。中俄两国有在战争时期和和平年代长期友好合作的经验和传统，在新形势下，一定会合作得更好，以便共同建立新型的经济战略协作伙伴关系，促进两国的发展、繁荣和振兴。

# 中俄全面战略协作伙伴关系
# 是世界稳定的基石

陈玉荣[①]

二十多年来，中俄两国睦邻友好关系全面快速发展，两国关系不断迈向新高度，建立了全面战略协作伙伴关系，双方在政治、经济和人文领域的合作取得了巨大成就。中俄战略协作关系还反映在两国在国际事务中的相互支持和密切协作。在日趋复杂的国际关系格局中，中俄战略协作伙伴关系日益成为维护地区与世界和平稳定的基石。

## 一、中俄相互走近，创建了全面战略协作伙伴关系

（一）中俄睦邻友好合作关系实现跨越式发展。二十多年来，中俄睦邻关系快速发展，政治关系水平不断提升。从1992年的友好国家关系提高到1994年的建设性伙伴关系，1996年升格到战略协作伙伴关系。2001年两国签署了《中俄长期睦邻友好合作条约》，该条约不仅把两国战略协作伙伴关系以法律的形式予以确立，还表达了两国"世代友好，永不为敌"、永远做"好邻居、好朋友、好伙伴"的坚定意愿。2011年中俄关系提升到全面战略协作伙伴关系，2014年全面战略协作伙伴关系进入到新阶段。作为横跨欧亚地区的两个世界大国，中俄双边关系的不断稳固和向前发展，是对欧亚地区和整

---

① 陈玉荣：中国国际问题研究院欧亚所所长、研究员。

个世界和平与安宁的实实在在的贡献。

（二）在战略协作伙伴关系框架下，两国搭建了自上而下的工作会晤机制。除了两国元首、总理定期会晤外，还有外交、国防、教育、科技等各领域的部长会晤，双方建立了定期战略安全磋商机制。多年来，中俄双边关系持续高位运行，两国元首往来频繁，每年见面都在五次以上。在多年的密切交往中，两国领导人之间建立了牢固的友谊和高度的政治互信。在两国领导人的直接拉动和顶层设计之下，中俄两国各领域交往不断增多，从政府层面到政党，从中央到地方，从官方到民间，各领域合作都结出了累累硕果。

（三）中俄互为重要的贸易伙伴。良好的政治关系为两国务实领域的合作夯实了基础。自2010年以来，中国成为俄罗斯第一大贸易伙伴，俄罗斯则为中国的第七大贸易伙伴。2014年两国贸易额达到953亿美元，到2020年两国的贸易目标是2000亿美元。两国在人文领域的合作也取得骄人成绩。中俄相互举办了"国家年""语言年""旅游年"等民众广泛参与的活动。随着两国民众往来的增多，彼此的认知程度也相应提升。俄罗斯的民调数据显示，视中国为"友好国家""最友好国家"的比率逐年提高。两国在金融、科技领域的合作不断深入。2010年，俄罗斯人民币清算中心在莫斯科启动。2014年10月，中俄签署了1500亿元人民币额度的双边本币互换协议。2015年3月，莫斯科交易所根据市场需求启动了人民币与卢布的期货交易。在能源领域，中俄互补性强、合作潜力巨大，互为重要贸易伙伴。中国成为俄罗斯在亚洲地区最重要的能源出口市场。根据两国企业最新签署的能源合作协议，未来俄罗斯将通过西伯利亚管线每年向中国供应680亿立方米的天然气。

（四）中俄地方务实合作不断加强。首先，中国东北和俄罗斯远东毗邻地区的合作步伐加快。在中国振兴东北老工业基地与俄罗斯加快实施远东地区大开发战略背景之下，中俄跨界公路和铁路对接合作项目得到推进。其次，非毗邻地区的合作机制开始启动。2013年5月，中俄地区合作创新模式长江中上游地区和伏尔加河沿岸联邦区合作机制正式在中国武汉启动，该机制合作涉及了中国六个省市和俄罗斯14个州（或共和国）。六省市之一的重庆是中国内陆开放高地，制造业、交通运输业发达；伏尔加河沿岸联邦区工业基础雄厚，这两个区域在各自国内经济发展中居于领先地位，合作潜力巨大，实现了两国地区合作的强强联合。

## 二、中俄树立了新型大国关系的典范

关于中俄关系的现状，中俄双方一致的评价是，"处于历史上最好的时期"，中俄全面战略协作伙伴关系"持续高位运行"。中俄全面战略协作伙伴关系具体表现是，政治上，建立了高度的政治和战略互信。彼此相互尊重各自的发展道路，坚定支持各自的核心利益关切。奉行平等互利、互不干涉原则，结伴而不结盟；经济上，中俄互为发展机遇，两国都处于发展振兴的重要阶段。中国在迈向全面现代化，俄罗斯在致力于国家复兴。双方乐见各自的发展强大，互视为发展机遇，相互借力给力，实现各自发展振兴；[①] 国际上，两国是重要的战略协作伙伴，互为对外政策的优先方向。中国把俄罗斯作为最重要最主要的合作伙伴。普京的新版《俄罗斯对外政策构想》把中国界定为俄罗斯对外政策最重要的方向之一。[②] 中俄互为两大邻国，两国在《中俄睦邻友好合作条约》基础上推动了双边关系的不断发展，以"世代友好，永不为敌"为目标，坚持"永远做好邻居、好朋友、好伙伴"的宗旨和原则，构建了全面战略协作伙伴关系，树立了新型大国关系的典范。

中俄新型大国关系的重要特征在于平等协作和国家关系的非结盟性质。中俄携手合作服务于本国的根本利益，致力于维护世界和地区和平，不针对第三方。中俄之间是成熟稳定的大国关系，不为国际纷纭变幻所左右。中俄积极推动建立公正合理的国际政治经济

---

① 习近平会见普京：加大相互支持 扩大相互开放 相互给力借力，http://www.xinhuanet.com/politics/2014-09/11/c_1112448569.htm

② 陈玉荣：习近平首次出访为何选择俄罗斯？http://opinion.people.com.cn/n/2013/0315/c1003-20801202.html

新秩序，致力于完善全球治理体系，维护国际战略平衡与稳定。两国呼吁摒弃冷战思维和集团政治，主张在联合国主导下以和平方式解决纷争，反对以武力介入解决叙利亚问题，期望借助六方会谈实现朝鲜半岛和平。中俄战略协作的核心任务在于为各自国内经济建设创造良好的外部安全环境。[①] 中俄通过谈判磋商解决了边界纷争。在"上海五国"框架内签署了《关于在边境地区相互裁减军事力量的协定》，创造性地提出了"互信互利、平等协商、尊重多样文明、谋求共同发展的""上海精神"，携手上海合作组织成员国共同维护了中亚地区稳定，促进了区域经济发展

## 三、中俄全面战略协作伙伴关系是维护世界和平稳定的基石

（一）中俄关系进入新时期，中俄共建"一带一路"扬帆启程。2014年5月，《中俄关于全面战略协作伙伴关系新阶段的联合声明》的签署标志着中俄全面战略协作伙伴关系步入了新阶段。2015年5月，《中俄关于丝绸之路经济带建设和欧亚经济联盟建设对接合作的联合声明》的签署为中俄战略协作增添了新内涵，在中俄共建"一带一路"的进程中具有重要的时间节点意义。在"一带一路"六大经济走廊规划中，其中有两条走廊过境俄罗斯到达欧洲。在地方合作层面，即将启动的渝新俄中欧班列从长江中上游城市重庆延伸到俄罗斯腹地。2014年10月，中俄总理会晤期间两国签署了四十多个大型合作项目协议，其中"莫斯科—喀山"高铁项目和"莫斯科—北京"欧亚高速运输走廊项目不仅是中俄在高新技术领域合作的突破，而且也是"一带一路"框架内两国在互联互通建设方面重要的大型基础设施项目。

（二）中俄致力于谋求稳定的周边安全环境。当今国际关系格局正在经历着前所未有的复杂而深刻的变化，世界不安定因素增多，

---

① 陈玉荣：习近平首次出访为何选择俄罗斯？ http://opinion.people.com.cn/n/2013/0315/c1003-20801202.html

国际恐怖主义活动猖獗，地区热点问题突出，贫困化依然严峻。面对这些威胁和挑战，作为两个世界大国、安理会常任理事国，中俄不仅在双边层面积极携手应对，还通过上海合作组织、金砖国家、G20等多边机制促进区域经济发展、维护国际安全发展环境，表现出了大国的担当，发挥着全球和地区安全稳定器的作用。中俄关系已经超越双边关系范畴，成为维护国际战略平衡与世界稳定的重要因素。

## 四、中俄学界共同庆祝世界反法西斯战争胜利70周年具有重要意义

2014年2月，中俄元首决定两国共同举办庆祝世界反法西斯战争胜利及中国人民抗日战争胜利70周年活动。中俄隆重庆祝世界反法西斯战争胜利70周年是中俄全面战略协作伙伴关系的重要体现。历史经验表明，世界和平需要各国共同维护。发展良好的双边关系、多边关系是世界稳定的基础要素。大国之间的对话与合作，以及大国之间的良性互动在很大程度上是世界稳定的前提和保障。21世纪的今天，世界各国利益交融更为紧密，反对战争、呼唤和平是各国人民的共同愿望。以对话和非对抗方式解决争端是历史潮流。中俄积极推动国际格局多极化发展，主张构建公正民主的国际政治经济秩序，坚决反对动用武力介入主权国家内部事务。

二战期间，中俄两国人民在东西两个战场上浴血奋战，打败了法西斯侵略者。今天，中俄两国携手并进，共同抵御外部风险和挑战，在维护世界和平稳定方面发挥着至关重要的作用。

（2015年9月）

# 中国经济新常态与中俄关系新阶段

## 孙昌洪①

　　如何看待日益走近的中国与俄罗斯间的关系现状和发展前景，各国专家从不同的角度观察并得出不同的结论，在中俄走近的原因方面同样也存在不同的分析和观点，但无非分为主动论、被动论或二者兼具论，或者是分为内因论、外因论或内外因兼备论，等等。

　　笔者尝试从中国经济新常态及其给中国带来的变化，尤其是在对外合作方面的变化与中俄合作内生动力的角度，分析中国经济新常态与中俄关系新阶段间的关系。总体的结论是：中国经济新常态推动中国对外合作的调整与深化；中俄双方在经济合作中的相互需要、政治上的相互信任不断提升，这是促进中俄关系进入新阶段的本质因素；中俄应该继续排除干扰，全面深化双方在各领域的合作。

### 一、关于中国经济新常态及其影响

　　1. 中国经济新常态核心内容。中国经济新常态的核心词是稳增长、调结构、促改革，即经济增长速度从二位数调整为中高速增长，经济结构转向调整存量与做优增量并存的新阶段，改变经济增长方式向质量效率型的集约增长，在上述过程中深化改革进程。也就是我们常讲的，经济发展要从出口拉动、政府投入拉动到消费拉动、多方投入和刺激内需；从粗放式、劳动密集型到节约型、创新驱动

---

　　① 孙昌洪：国务院发展研究中心欧亚所常务副所长、研究员。

型发展模式的转变；推动经济发展软着陆和继续深化改革。

2. 上述定位和调整正在并将继续带来一系列的变化。如，对内鼓励释放居民存款并引导其投入生产、服务领域和海外，鼓励和推动企业和民间资本走出去。商务部2015年1月21日公布的数据显示，2014年中国全行业对外投资1160亿美元，若加上第三地融资再投资，全年对外投资达1400亿美元左右，这比当年中国利用外资总额高出约200亿美元。中国成为对外净投资国是迈向发达经济体过程中的重要一步。美国、欧盟、日本都是对外净投资经济体。加入世贸组织曾是中国加快全球化的一个主要指标，那么现在成为对外净投资国，就是中国积极参与并融入新一轮全球化的重要标志。

此外，中国对外承诺，碳排放2030年前后将不再增加，中国政府还推出了2025中国制造计划，这意味着推动创新驱动已有明确的时间表。更为紧迫的是，随着中国加入世界贸易组织时规定的重要和敏感部门保护期的结束和即将结束（如，银联结算系统的保护期已于7月1日结束），政府职能的转变、重要部门的改革等迫在眉睫，中国未来还面临资本项目开放、人民币国际化等的考验。

3. 这些变化必然反映到经济新常态下中国的对外合作。经济新常态是国内经济发展和改革的需要，在对外合作方面必然也需要进行调整和升级。如，更大程度和范围加强清洁能源和可再生能源的开发、应用和对外合作，加强对外投资的合作、对外产能的合作、新兴产业与高科技领域的合作等，同时参与和推动地区和国际金融和经济秩序的制定、调整和改革进程等。

## 二、关于中国经济新常态与中俄合作新阶段

1. 中国经济新常态巩固中俄经济合作的相互需要。长期以来，俄罗斯面临经济结构调整和平衡东西方合作的难题和考验，西方经济制裁充分暴露了俄经济结构失衡、严重依赖能源产品出口、严重依赖西方金融体制等重大弊端和制约，寻求和扩大新的能源出口市场、寻找新的投资来源和合作伙伴、加强科技研发和应用的对外合

作、寻求对西方金融体制依赖的平衡等，成为俄罗斯政府今后较长时期需要解决的问题和重点。在此背景下，中国与俄罗斯经济合作的继续与深化尤为重要，双方的合作也有了更多的共同点和契合点。

如，中俄加强天然气项目的合作，符合中国更多使用清洁能源的定位，同时也给俄提供了新的市场；中俄加强相互投资合作和基础设施建设合作，结合了中国企业走出去和俄罗斯引进外资的需要；中俄加强本币互换和结算的合作，契合了中国人民币国际化的需要和俄罗斯逐步摆脱对西方金融体制过度依赖的共同需要；中俄加强高新科技领域的共同研发和应用，如大飞机项目和其他航天项目，同样契合了双方的共同需要。

2.需要引起关注的问题。

首先，在技术层面，随着中俄双方合作的扩展和深化，必然出现一些新的现象和问题，这需要双方共同研究、适应和解决。如，在基础设施项目合作过程中，需要解决技术引进与管理方面的合作、产品和技术标准的采用和修订；投资和金融合作过程中，需要解决适应人民币国际化进程，以及相应的国际融资规则的调整和改革；高新技术合作过程中，需要解决产权问题、技术转让问题、研发成果共享问题等。

其次，在政治层面，需要加强对地缘经济合作中相关政治因素的共同认识。稳定的社会局势、良好的合作氛围、优良的投资环境，是经济合作的前提和保障，因此需要共同努力来维护和保证，尤其是要共同关注并避免对经济合作可能产生负面影响的因素。

关于美国因素。需要坦诚交流对美国因素的认识，避免双方的误解，这也是中俄双方增信释疑的重要内容。"在美国人眼中，不存在中国因素还是俄罗斯因素在先或在后的问题"，双方国内所谓的"中国愿见俄罗斯与美国对抗并躲在后面"和"俄罗斯应将中国推在前面"的论调都是伪命题，因为反对霸权、维护力量平衡并为此加强合作与协作，这是中俄双方战略的共同需要。

关于中俄在第三国利益与合作。双方应尊重各自的地区发展战略，并积极寻求相互支持和对接。中国清楚地认识并理解，俄罗斯推动欧亚经济联盟是重要的战略选择，俄罗斯与东南亚国家的自贸区谈判、军技合作是其传统的外交方向之一，中国国内个别媒体的过度反应不代表政府立场。在中亚地区，中国明确宣示对中亚的"三不政策"，即不干涉内政、不谋求主导地位、不谋求势力范围，并愿意与俄罗斯在中亚地区就具体项目进行合作。

第三，中俄合作的当前要务是落实合作。中俄两国领导人签署了丝绸之路经济带与欧亚经济联盟对接的合作协作，双方的当前要务是细化和落实。在此过程中，要结合双方共同需要与市场规则，因为共同利益和需要是双方合作的基础和动力，而平等自愿和市场规划是两国合作的原则和保障。

明确上述需要，巩固上述共识，努力推动合作，这样我们就有充分的理由相信，中俄关系和合作将不断进入新阶段并取得新成果。

# 中俄军事合作：经验与前景

陈学惠①

中俄军事合作是中俄全面战略协作伙伴关系的重要组成部分。在中俄两国两军领导人的悉心经营之下，中俄军事合作发展稳定，达到了相当高的水平，代表了冷战结束以来国际军事关系发展的新方向。随着中俄两国关系的不断深化，中俄军事合作愈益成为促进地区和平与稳定的积极因素。

## 一、形成了共同遵守的军事合作原则

中俄两国军事合作，是建立在双方共同确认和遵守的原则基础上的。这些原则是稳定的，有效指导了中俄20世纪90年代中期以来的军事合作。一是双方都把军事合作作为促进建立公正合理的国际政治新秩序的有效因素，作为达成"以对话求安全、以合作求发展"的有效手段。中俄间的军事合作已经彻底走出了以对抗为特征的传统军事合作的老路。二是双方都坚持平等参与的原则，坚持两国在军事合作中是平等合作关系，没有人充当"首领"，也不针对第三方，双方都不把军事结盟作为合作的选项。三是确保互利、双赢或共赢。中俄双方都主张在沟通、理解、合作的前提下实现各自的利益，主张通过合作和协调使双方的利益不断增值，实现利益的最佳化，而不是单方利益的最大化。四是双方都尊重军事合作的复杂性

---

① 陈学惠：中国军事科学学会国际军事分会秘书长。

特征，在合作中照顾到各自的特殊国情和特殊需要，采取相互包容、尊重差别、由易到难、逐步完善的合作路径，同时，打破旧式军事合作的排他性和封闭性，双方的军事合作并不妨碍中俄各自参加与其他国家的军事合作。

## 二、建立了成熟的战略和军事互信机制

首先，两国元首建立了定期会晤协商机制，两国议会领导人还有年度互访机制，外交部、国防部等政府部门建立了定期磋商机制。这些机制的顺畅运行，标志着中俄国家关系的日益成熟，体现了两国政治互信的日益加深。政治互信是两国开展军事合作的前提，政治互信的程度决定了军事合作的程度。

其次，中俄之间建立了国防部长定期会晤机制，每年的国防部长互访已成惯例。双方总参谋部的战略磋商从1997年起，年年举行。值得一提的是，自2005年起，两国间启动了国家间安全磋商机制，这个机制是中俄之间特有的。而在此之前，中俄已经建立了反恐磋商机制并成立有反恐磋商工作组，进行过多轮磋商。

高度的战略互信和军事互信，是中俄两国全方位军事合作的前提和基础。

## 三、开展了多领域的务实合作

中俄两国的军事合作，在务实性方面是大国新型军事合作的典范。务实性的标志是，军事技术合作成果斐然，军事行动合作内容丰富，军事教育合作规模很大。

军事技术合作是中俄军事合作的亮点，是中俄间最早启动的实质性军事合作领域。中国从俄罗斯购买的作战飞机、舰艇和防空导弹等装备，对于中国军队的现代化和中国军事技术装备的发展发挥了明显的作用。中俄间成立有军事技术合作混合委员会。俄刊估计，对中国的武器出口，平均占到俄罗斯武器出口总额的五分之一，个

别年份占到40%—50%。

军事行动方面的合作，是中俄军事合作发展到高水平的标志。2005年8月举行的"和平使命–2005"联合军事演习，在中俄军事行动合作的历程中具有特殊的意义。自此之后，以"和平使命"为名称的联合军演从双边走向多边，逐渐发展成为上海合作组织框架下的系列演习，成为亚洲地区著名的例行联合军演之一。近年来，中俄"海上联合"军事演习也成为中俄军事行动合作的一大亮点，演习规模不断扩大，演习地点从亚洲海域发展欧洲，演习频率从一年一次发展到一年两次。中俄军事行动合作是中俄军事合作务实性的突出体现。

中俄军事合作的另一个领域是军官培训。从1996年起，中国开始向俄罗斯派出军事留学生。派遣数量已经达到几千人，占到我国军队向外国派出的军事留学生的大头。特别要指出的是，赴俄军事留学生中的相当一部分是高级军官，许多人回国后已经担任高级领导职务。

## 四、发挥了多方面的积极作用

中俄军事合作是两个有重要世界影响的地区大国之间的军事合作，它带来的积极影响是多方面的。

从双边关系看，中俄军事合作促进了两国关系的健康稳定发展。中俄之间的"好邻居、好伙伴"关系经过将近两代人的努力，发展到今天这样的程度，来之不易。其中，全面稳定深入双赢的军事合作，作为两国关系的粘合剂，发挥了积极的促进作用。

从多边关系看，中俄军事合作促进了上海合作组织的发展。中俄两国是上海合作组织的重要成员国，对于推动上海合作组织的形成和发展起着中坚的作用。中俄新型军事合作关系的建立，在上海合作组织中起到了示范作用，有利于带动上海合作组织形成实质化的安全机制，从而为中亚的和平稳定提供保障。

从地区稳定看，中俄军事合作有利于纠正亚太地区的力量失衡，增加了亚太地区的稳定因素。军事合作的实质是军事力量的相互借重。中国和俄罗斯都不是亚太地区的头号军事强国，因此，中俄军事合作起到了明显的力量互补作用。在亚太地区没有形成普遍的安全机制、某些国家企图以军事同盟为基础主导亚太安全事务的情况下，中俄军事合作在客观上起到了一种制衡的作用。这对于地区的和平和稳定是非常重要的。

## 五、中俄军事合作前景广阔

中俄军事合作无疑具有广阔的前景。在美国推行"亚太再平衡"、亚太形势呈现新的不确定因素的情况下，中俄之间在安全与防务方面的共同利益是增加了，而不是减少了。可以预见，中俄之间面对新的地区形势，将会进一步加强战略协调，以稳定地区局势。在军事政治合作上，将会进一步考虑对方的安全关切。在军事技术合作上，随着知识产权问题的解决，合作的深度和合作的形式将会有进一步的发展。在军事行动合作上，中俄将在上合框架下的多边演习中继续扮演骨干的角色，而双边演习，无论是强度还是形式，都会有进一步的发展。总之，中俄军事合作对于中俄双方来说，都是非常需要的。军事合作的前景，也需要双方共同努力去营造。

# 中俄民众对两国关系的认同

潘大渭[①]

一个国家民众偏好某个国家与否的选择，反映了一个国家的国民意识和社会意愿，是民族认同的一个组成部分。国民意识，即一个国家的民众对某一个国家的看法和态度，是在与其他国家相互交往过程中形成的。它构成地缘政治关系中最原始和纯朴的一种关系。地缘政治虽说关注的是国际上各种政治力量在地理空间的结构及相互关系，其审视的维度是将国家视为一个整体的政治力量，但国家是人的政治结合体。任何一个国家的国家战略和外交政策不能不顾及民意，尽管国家战略和外交政策不可能——体现每一个国民的具体需求和意愿，但必然是全体国民利益和意愿的集中体现。另一方面，民众的相关行为也不可能脱离政府外交政策所预设的轨道，国家现行的外交政策和外交活动对民众相关意愿的形成具有重要影响。因此，民众对其他国家的看法和态度，是在国家现行外交政策和外交活动背景下民众切身体验的一种反映。它既是对其他国家看法和态度的社会情绪和社会舆论的晴雨表，也是一个国家现行外交政策和外交活动实际状况的一种反映。

在这里选取两个调查研究数据来说明问题：一个是上海社会科学院俄罗斯研究中心与俄罗斯科学院社会学研究所在2009年—2010年共同在上海和圣彼得堡两市进行的一个实地调查；另一个是俄罗斯科学院社会学所在乌克兰危机发生之后在俄罗斯境内做的一个调查。

---

① 潘大渭：上海社会科学院俄罗斯研究中心主任、研究员。

　　前一个调查要求被访者回答："您认为，我们中国（俄罗斯）与下列哪些国家容易相处，与哪些国家不容易相处？"（Что вы думаете о перечисленных здесь странах: с какими из них нашей стране сотрудничать легко, аскакимитрудно？）问卷调查结果分为四个等级：很容易、比较容易、比较难、很难（Очень легко, скорее легко, скорее трудно, трудно）。问卷中除中国和俄罗斯这两个国家分属调查对象的国家外，还选择了德国、美国、日本、波兰和英国。

　　调查结果显示，在上海和圣彼得堡两地均有过半数的受访者分别对俄罗斯和中国持积极的态度：在上海受访者中，认为俄罗斯是一个很容易合作的国家占15.2%，认为俄罗斯是一个比较容易合作的国家占57.3%；在圣彼得堡受访者中，认为中国是一个很容易合作的国家占18.6%，认为中国是一个比较容易合作的国家占47.2%（见表1）。

### 表1：上海和圣彼得堡两市居民分别对俄罗斯和中国的态度

（单位：人）

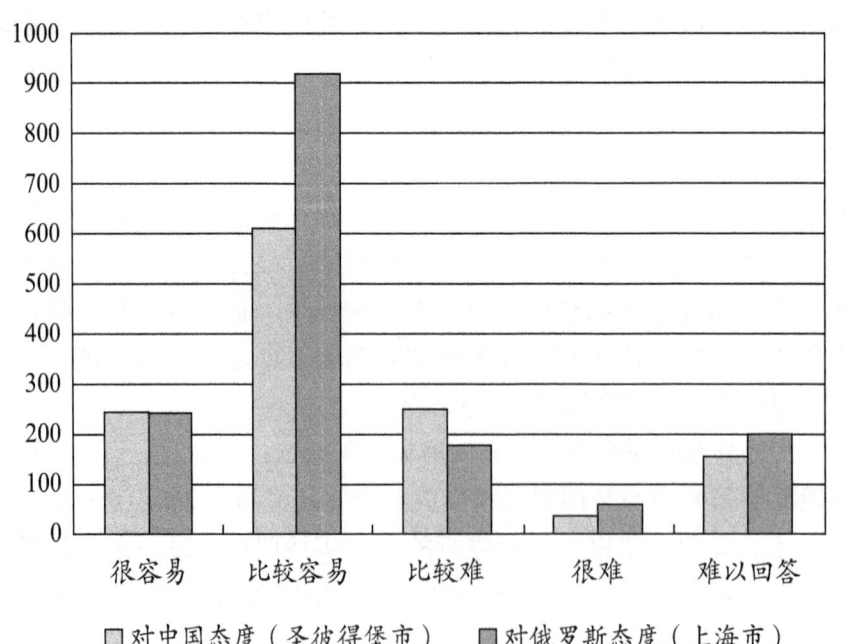

这两个城市受访者对美国、德国、日本、英国和波兰五个国家的评价结果，依据上海的调查资料，认为"比较容易"合作或"很容易"合作的国家从高到低依次是：美国（38%）、英国（37.6%）、德国（36.3%）、波兰（31.6%）、日本（24.5%）；认为"比较难"合作或"很难"合作的国家从高到低依次是：日本（64%）、美国（48.4%）、英国（45.7%）、德国（44%）、波兰（31.6%）；依据圣彼得堡的调查资料，对这五个国家持积极评价的排序是：德国（57.8%）、日本（37.3%）、波兰（34.5%）、英国（27.2%）、美国（22%）；持消极评价的排序是：美国（63.5%）、英国（55%）、波兰（49.5%）、日本（48.1%）、德国（28.4%）（见表2）。

表2：上海和圣彼得堡两市居民对德国、美国、日本、波兰、英国的态度
（单位：%）

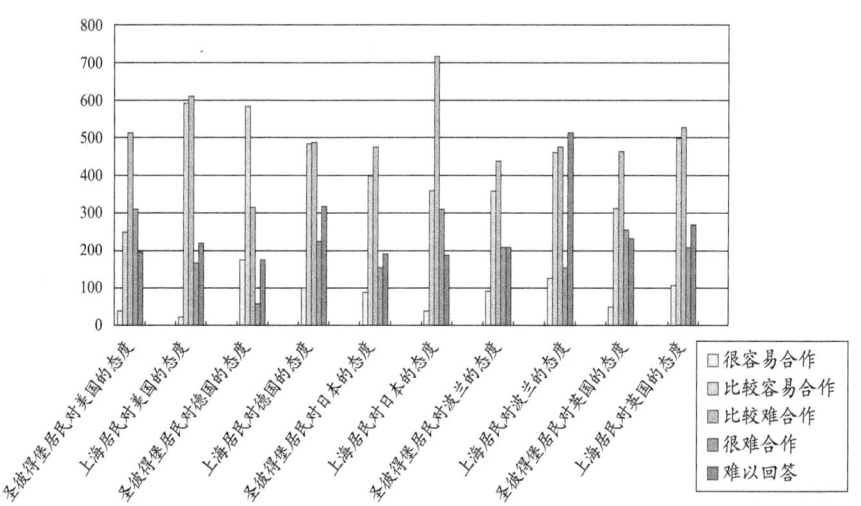

后一个资料是俄罗斯科学院社会学研究所在2014年乌克兰危机之后所作的调查。第一份资料是俄罗斯民众对18个国家的评价（见表3）：

表3：俄罗斯民众对不同国家的感受（2014年）（单位：%）

| 国家 | 基本肯定 | 基本否定 | 难以回答 |
|---|---|---|---|
| 白俄罗斯 | 83 | 5 | 12 |
| 哈萨克斯坦 | 78 | 6 | 16 |
| 印度 | 65 | 9 | 26 |
| 中国 | 62 | 14 | 24 |
| 亚美尼亚 | 64 | 13 | 23 |
| 塞尔维亚 | 57 | 13 | 30 |
| 法国 | 57 | 22 | 21 |
| 吉尔吉斯斯坦 | 55 | 13 | 32 |
| 日本 | 55 | 22 | 23 |
| 以色列 | 49 | 21 | 30 |
| 英国 | 46 | 33 | 21 |
| 德国 | 44 | 36 | 20 |
| 波兰 | 33 | 40 | 27 |
| 格鲁吉亚 | 31 | 41 | 28 |
| 叙利亚 | 29 | 28 | 43 |
| 乌克兰 | 24 | 52 | 24 |
| 伊拉克 | 21 | 41 | 38 |
| 美国 | 14 | 68 | 18 |

第二份资料是近年俄罗斯民众对中国态度的变化（见表4）：

表4：俄罗斯民众对中国态度的变化（1995—2014年）（单位：%）

| | 1995 | 2001 | 2002 | 2007 | 2008 | 2009 | 2011 | 2014 |
|---|---|---|---|---|---|---|---|---|
| 基本肯定 | 41 | 39 | 42 | 45 | 59 | 55 | 43 | 64 |
| 基本否定 | 21 | 21 | 31 | 32 | 19 | 31 | 29 | 14 |
| 难以回答 | 38 | 40 | 27 | 23 | 22 | 14 | 28 | 22 |

第三份资料是俄罗斯民众对友好国家的排序：

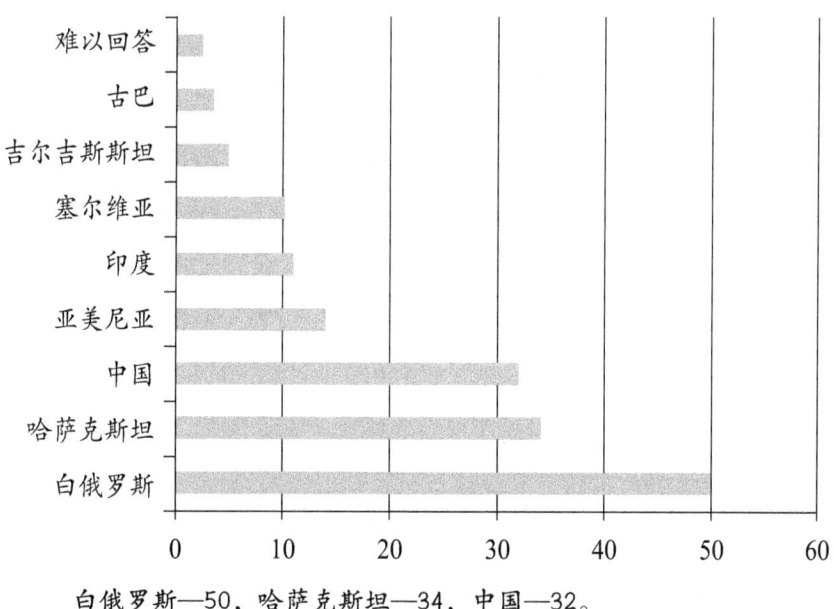

俄罗斯民众对友好国家态度的排序（2014年）（单位：%）

白俄罗斯—50，哈萨克斯坦—34，中国—32。

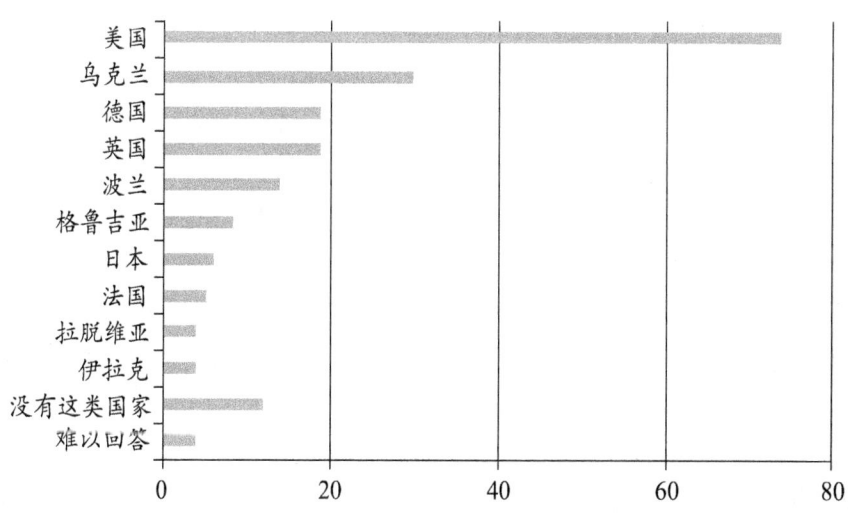

俄罗斯民众对不友好国家态度的排序（2014年）（单位：%）

美国—74，乌克兰—30，德国—19，英国—19，波兰—14。

从以上资料来看，两国民众对两国关系的判断和持有的态度与近年来两国关系发展的水平基本相符。

苏联解体后，1991年12月27日，中俄两国在莫斯科签署《会谈纪要》，解决了两国关系的继承问题。1992年12月，两国签订《关于中俄相互关系基础的联合声明》，确定两国"相互视为友好国家"。1994年9月，《中华人民共和国主席和俄罗斯联邦总统联合声明》宣布建立"建设性伙伴关系"；1996年4月，在《中俄联合声明》中确立两国"面向21世纪的战略协作伙伴关系"。2001年7月，双方签署了《中俄睦邻友好合作条约》，以法律形式确立了两国和两国人民世代友好的和平理念。在政治关系推动下，两国经济合作关系发展迅速，2011年两国的商品贸易额达到835亿美元。目前中国已超过德国，成为俄罗斯第一大贸易伙伴国，俄罗斯也进入中国十大贸易伙伴国之列。2006年以来，在中俄政府的主导下，两国互办"国家年"活动和"语言年"活动，从而促进了民间交往和增进了两国民众的相互了解。虽然在两国交往中，特别是90年代的民间贸易中，存在对中国商品和经商人员的负面评价和中国公民对俄罗斯执法部门的微词。但是，在两国政府的努力下，影响两国关系正常交往的一些现象正逐步得到遏制和改善。在这里需要指出的是，问卷的问题是针对"国家"而言，所以受访者主要是从"与某个国家合作难易"的角度回答问题，而没有据囿于一些个人的素质和行为。

此外，中苏两国在20世纪50年代曾有一段"蜜月期"，俄罗斯文化，可以毫不夸张地说，影响了整整一代中国人，苏联当年对中国的援助至今为止还留在相当一部分人的记忆中。这些历史的积淀在今日中俄关系发展中依然发挥着潜在的影响。另一方面，中国改革开放以来取得的成就，是推进中俄关系发展的一个积极因素，为两国的交往和合作提供了有利的条件和更多的可能性，也给俄罗斯民众留下良好的印象。

虽然中俄两国具有不同的历史传统和民族文化，但是，中俄两国在历史上缺乏法制传统，没有经历过一些曾对西方思想观念产生过重大影响的思想文化发展阶段，在两国的民族习性中具有一些相通之处，如崇尚权威、倾向集体主义、缺乏私有财产观念等。在20世纪中俄两国都有过一段具有相同意识形态和相同社会经济体制的历史经历。这些文化历史因素使得两国民众比较容易相互理解，在相互交往中比较容易找到双方的切合点。当然，对两国民众来说并不是每个人都有机会直接与对方交流，但是一旦建立交流关系后，这些文化因子便会起到潜移默化的作用，并通过各种传媒手段影响到更多的受众。中俄两国民众认同中有一点是值得关注的，在多次的调查中俄罗斯民众对"我是俄罗斯人"具有高度的认同。

# Сотрудничество России и Китая в Центральной Азии

## И. Сафранчук [①]

В последние 20 лет были чрезвычайно популярны идеи глобализации. В Центральной Азии они были особенно распространены в широких слоях населения и среди элиты. Во многом идеи глобализации остаются популярны до сих пор. Были иллюзии, что страны Центральной Азии могут повторить путь «азиатских тигров», на которых в 1990-е годы смотрели как на пример для подражания. Однако страны Центральной Азии находятся внутри континента. Есть товары, такие как нефть, газ, золото, которые даже из глубины Евразийского континента выходят на мировой рынок и становятся частью глобальной торговли. Но для широкой номенклатуры несырьевых товаров рынок для местных производителей ограниченный, и это региональный рынок, а не глобальный (доступ на который слишком дорог и который слишком конкурентный) и не страновой (у всех стран Центральной Азии маленький по своим масштабам).

С 2008 года начался тренд на сворачивание глобализации. Все больше протекционистских мер, все больше ограничений для движения людей, капиталов, товаров. ВТО в кризисе. Одновременно набирает темпы процесс регионализации, когда формируются крупные регионы активной экономической жизни с интенсивной торговлей внутри региона, со своими региональными правилами, которые на месте становятся важнее глобальных. Но это не изоляционистская тенденция,

---

① И. Сафранчук: Доцент кафедры мировых политических процессов МГИМО.

поскольку региональные экономические группировки и конкурируют и сотрудничают между собой.

Формирование Таможенного союза (ТС), Единого экономического пространства (ЕЭП) и Евразийского экономического союза (ЕАЭС) укладывается в этот общий тренд регионализации. Но для тех, кто возлагал основные надежды на глобализацию и на сотрудничество с внерегиональными игроками, оказывается сложно изменить свои базовые подходы. Трудно после стольких лет надежды на глобализацию пойти на укрепление экономических границ регионального интеграционного объединения.

В регионе Центральной Азии в настоящее время идет смена парадигмы развития – с транзитно-торговой на индустриальную с элементами модернизации. В регионе проживает почти 60 млн человек. Для поддержания базовой социальной стабильности необходимо обеспечить создание необходимого количества рабочих мест внутри региона. Сделать это только за счет транзита, торговли и посредничества – не возможно. Необходима активная промышленная политика, ре-индустриализация. А значит необходимо формирование достаточно емкого регионального рынка сбыта товаров промышленного и сельскохозяйственного производства. Сделать это возможно только за счет региональной интеграции и формирования единого экономического пространства. Единое экономическое пространство понимается как пространство, на котором функционируют однотипные механизмы регулирования экономики, основанные на рыночных принципах и применении гармонизированных правовых норм, существует единая инфраструктура и проводится согласованная налоговая, денежно-кредитная, валютно-финансовая, торговая и таможенная политика, обеспечивающие свободное движение товаров, услуг, капитала и рабочей силы.

Превращение центральных пространств географической Евразии в единое экономическое пространство с четкими и обеспечивающими внутреннее развитие экономическими границами – это вполне рациональный вариант стратегии дальнейшего развития. Однако укоренившуюся в регионе Центральной Азии транзитно-торговую парадигму мышления преодолеть трудно.

И этим настроениям подыгрывают внешние игроки. США продвигают идею, которую можно назвать «открытой моделью» интеграции в Центральной Азии. В США доминирует точка зрения, что основная проблема Центральной Азии – недостаточная конективити (connectivity). Страны Центральной Азии мало торгуют и сотрудничают между собой. Соответственно, нужно снижать барьеры для торговли и передвижения людей, в идеале – совсем снять внутренние границы в регионе, но с сохранением полных национальных суверенитетов. Регион также должен иметь прозрачные экономические границы в сторону Афганистана и Ирана. Получается, что это должен быть открытый регион с активной внутрирегиональной торговлей, а также вовлеченный в активную торговлю с Южной Азией и Ближним Востоком.

Такое транзитно-транспортное видение будущего для региона Центральной Азии, впрочем, очевидно предполагает, что регион в основном экспортирует природные ресурсы и импортирует промышленные товары, что оставляет открытым вопрос о создании достаточного количества рабочих мест в самом регионе Центральной Азии, чтобы обеспечить приемлемый уровень занятости для растущего местного население.

Сейчас проблема занятости во многом решается за счет массовой трудовой миграции в Россию, где общее число трудовых мигрантов по неофициальным оценкам составляет несколько миллионов человек. Значительная часть трудоспособного населения вынуждена искать работу в России. Для Киргизии и Таджикистана фактор трудовой миграции в Россию особенно значим. Однако Россия, очевидно, будет ужесточать доступ мигрантов на свой рынок труда, обставлять это дополнительными условиями. Совершенно невероятным выглядят предположения, что эти люди будут массово трудоустроены в западных странах или Китае. Куда девать эти миллионы людей, которые при транзитно-торговой парадигме развития просто не нужны для местных экономик?

В последние два года набирала силу дискуссия о якобы наметившейся жесткой конкуренции между Россией и Китаем в Центральной Азии. Была тенденция противопоставлять проекты Евразийского экономического союза и Экономического пояса Нового Шелкового пути (ЭПШП), рассматривать их как конкурирующие проекты. Как представляется, степень таких противоречий явно и сильно преувеличивалась. Во-первых, ЕАЭС и ЭПШП – это разные проекты по своей природе. ЕАЭС – это четко выраженный интеграционный проект. Экономический пояс Шелкового пути не является интеграционным, он направлен на обеспечение открытости и взаимосвязанности. Во-вторых, Таможенный союз и созданный на его основе Евразийский экономический союз – это уже реальность. Таможенный союз действует с 2011 года, Евразийский экономический союз – с 2015 года. Уже идет первая стадия расширения этих проектов. В 2015 году к России, Беларуси и Казахстану присоединились Армения и Кыргызстан. Китайский проект из стадии общей идеи переведен в стадию детальных планов. Но он еще будет конкретизироваться и наполняться практическим содержанием. И уже на этой стадии два проекта вполне можно сделать партнерскими, а не конкурентными. Подписание в мае 2015 года в Москве декларации о начале переговоров о всеобъемлющем торгово-экономическом соглашении между ЕАЭС и КНР открывает возможности для развития двух проектов как партнерских.

Китай не может не задумываться о том, каким же образом будет обеспечена в среднесрочной и долгосрочной перспективе безопасность той масштабной инфраструктуры, которая по проекту Экономического пояс Шелкового пути должна связать Китай с Европой и Ближним востоком. Не будем скрывать, что проект ЭПШП будет осуществляться в регионе, где есть разнообразные риски и потенциал нестабильности.

Каким способом обеспечивать безопасность многомиллиардных инвестиций и созданной по их итогам инфраструктуры? Стоит ли опираться только на силовые методы? И уж тем более стоит ли доверять сотрудничеству в этой области с внерегиональными игроками? Нужно осознать, что поддерживать в перспективе социальную стабильность в регионе (а без этого построенная китайская инфраструктура всегда будет в зоне риска) без экономического развития в самом регионе Центральной Азии не возможно. Богатеть должны не только элиты на крупных инфраструктурных проектах, богатеть должны миллионы простых граждан, которые получают работу на новых индустриальных предприятиях.

И Россия и Китай заинтересованы в том, чтобы Центральная Азия была не только транзитной зоной, но и экономически успешным районом мира, где население обеспечено работой на местных предприятиях. И при такой общности базовых интересов Россия и Китай могут согласовать свои масштабные экономические проекты, они не противоречат друг другу. К тому же не вызывает сомнения, что Китай будет реализовывать свой проект ЭПШП с учетом имеющиеся реальности – функционирования Евразийского экономического союза.

Страны Евразийского экономического союза не отгораживаются от Китая. При дальнейшем укреплении Евразийского экономического союза, ничто и никто не будет мешать Китаю сохранить широкий и долговременный доступ к важному для него центральноазиатскому сырью и транспортным коммуникациям, а также возможности инвестировать в экономики стран Центральной Азии. Пространство Таможенного союза открывает новые возможности для китайских инвесторов в Казахстане и Кыргызстане. При таком варианте все практические интересы Китайской народной республики в Центральной Азии оказываются полностью учтены, а проекты ЕАЭС и ЭПШП – совместимыми и партнерскими.

# 国际秩序重构背景下
# "一带一路"与欧亚经济联盟的对接

李自国[①]

当前，加快推进欧亚经济联盟建设是俄罗斯对外政策的重中之重，俄视欧亚经济联盟为国家复兴的战略依托。自2013年提出"一带一路"倡议后，中国一直坚持不懈地推动其落实。对上述两大经济平台，中俄高层一致认为需要将两者有机结合起来。为此，2015年5月，中俄专门签署了《中俄关于丝绸之路经济带建设与欧亚经济联盟建设对接合作的联合声明》，以寻求最大利益公约数。在当前国际秩序发生深刻变化的背景下，二者对接的好，将成为中俄应对当前挑战的有力工具，否则会对两国关系及世界格局都产生严重负面影响。

## 一、国际格局变化决定"一带一路"与欧亚经济联盟必须对接

国际秩序正处在快速而深刻的变化之中，而在剧烈的变化中也孕育着更多、更复杂的国际问题和风险，包括《联合国宪章》践行困难、世界经济复苏乏力、单边制裁盛行等。这是中俄面临的共同挑战，也要求两国要进一步密切合作。

当前国际关系中最核心的变化是力量对比出现变化。尽管遭到不同程度的困难，但新兴经济体快速崛起是事实，是长期趋势。美

---

国作为谋求"继续领导世界"的霸主对此很焦虑。从历史上看，力量对比出现变化的时期，也是国际关系最不稳定、最危险的时期。而现在又处在一个国际秩序的重新构建期，但以战争方式重新建立国际秩序的时代已经过去。现在大国间的热战概率很低。首先，全球化使各国的经济联系更加紧密，彼此间的相互依存关系上升；其次，核武器的发展对大国间的冒险冲动起到抑制作用，即使美国努力发展防御系统，也不会冒核战争的风险。

那么，美国如何在国力相对下降的背景下维持领导地位呢？安全上，一是通过"新冷战"，或者"颜色革命"，从内部瓦解对手。现在中俄及其邻国其实都面临被"颜色革命"的风险。二是通过"制造危机"，抓住盟友。在亚太地区，推行亚太"再平衡"，挑起中国与周边国家的岛屿争端，将日本、菲律宾等聚集到身边。在欧洲地区，鼓动并形成难解的乌克兰危机，使欧洲一致认为俄罗斯是欧洲安全的最大敌人，北约的作用再度得到强化。美成功地以最低的成本，达到了遏制中俄两个关键力量的目的。经济上，在亚太地区力推跨太平洋伙伴关系协议，即TPP；在欧洲，拟加速与欧洲发展跨大西洋伙伴关系，即TTIP。可以看出，美国正在以新的、排斥中俄的经济方式增强自己的霸权。而俄罗斯经济的单一性、与西方关系难有转圜，TPP、TTIP对俄罗斯的影响恐怕更大、更深远。

尽管守成大国美国极力组建和复活军事同盟，但对于中俄来说，双方都无意军事结盟。中国提出与大国建立新型大国关系，与俄是"结伴而不结盟"的好邻居、好伙伴、好朋友。而俄罗斯普京也多次表示，军事结盟是冷战思维的表现，是过时的东西。中俄是高度互信的全面战略协作伙伴，但不会结成军事同盟。在排除了军事结盟后，中俄合作主要就是"在国际事务上深化战略协作，经济上继续发展全方位合作"。这其中，务实经济合作又是双方关系的基础。

因此，尽管俄罗斯更关注欧亚经济联盟建设，而中国着力推动"一带一路"，但作为两国谋求国家振兴、推动地区合作战略平台，"一带一路"和欧亚经济联盟可以加快欧亚地区的发展，增进欧亚地区内的团结，加强抵御"颜色革命"的能力，维护中俄的地缘安全。

在这种国际秩序迅速转变的背景下，不管想不想，客观上都要求中俄必须将二者结合起来，互为依托，帮助欧亚地区实现稳定发展，并推动国际经济、金融和政治秩序更趋合理。

## 二、差异性决定了二者并不矛盾，可以对接

（一）欧亚经济联盟和"一带一路"的出现都是合理的，目标是一致的。

1. 二者都是时代发展的产物。欧亚经济联盟是前苏联空间内的深入一体化，将彼此割裂的联系重新建立起来，促进共同的发展，以在全球化大潮中，保护自己，在竞争中获得更有利的地位。

"一带一路"是在全球化、地区一体化中，看到了彼此的竞争，如仅欧亚大陆地区就有东盟、中国—东盟（10+1）、中日韩自贸区，正在加紧谈判的还有区域全面经济伙伴关系协定（RCEP）、南盟、欧亚经济联盟、欧盟等。上述组织都有排他性。这一地区需要一个不设门槛的泛一体化经济组织。"一带一路"就是这样一个泛合作平台，具有很强的包容性。

2. 从目标看，二者是一致的。欧亚经济联盟是促进联盟成员国的经济发展，乃至政治合作。而"一带一路"致力于推动欧亚地区的经济发展，促进该地区参与全球化的进程。二者都可以促进欧亚地区的发展，增强地区内经济的增长联动性。

3. 从彼此的态度看，中国从未视欧亚经济联盟为对手，而是视为合作伙伴。因此，中国一直乐见欧亚经济联盟的发展。俄罗斯对"一带一路"的态度总体经历了"犹疑—有条件支持—积极对接"三个阶段。特别是官方层面对合作的态度越来越积极。"一带一路"作为聚拢欧亚地区的非西方合作平台得到俄罗斯越来越多的认同。

我个人认为，俄罗斯与中国一样需要"一带一路"这样的泛经济合作平台，甚至比中国还需要它。中国与美欧的贸易更紧密，且有中日韩自贸区、中国—东盟自贸区、RCEP谈判，美要在国际贸易中排斥第一贸易大国是不可能的。而乌克兰危机后，俄欧经贸关系受

到打击，俄美经贸关系本就不好。俄罗斯比中国更容易排除在新贸易体系之外。不同经济体肯定利益会有所不同，看两大机制是否可以合作，不能纠缠于细节，而是看大方向是否一致。只要战略利益一致，具体利益差异是可以弥合的。

（二）二者是完全不同的两个一体化发展阶段，无法形成竞争。

首先，一体化水平相距甚远，这决定了二者并非竞争关系。"一带一路"没有具体的一体化目标和建设路线图，更不涉及关税一体化。它只是在为贸易、交通、旅游、投资等便利化做必要的准备工作，以加速沿线国家的经济合作。它只是在条件成熟的地方探讨自由贸易区建设。欧亚经济联盟早已经过了关税同盟阶段，进入劳动力、资本、货物、服务等自由流通阶段，并向税收政策、交通、能源、政府采购等统一市场等发展。前者强调的是便利化，后者早已进入深度一体化阶段。

其次，"一带一路"是一个泛经济合作的开放平台，而欧亚经济联盟是深度的一体化组织。"一带一路"秉承的原则是共商、共建、共享。在区域内的国家都是自愿参与，没有门槛，参加经济带的国家没有具体承担的义务，可以以此为平台深化与各国的关系，也可以维持现状。"一带一路"建设中，各国有充分的自由决策权。而欧亚经济联盟是深层次的一体化组织，是有门槛的，是需要满足一定条件才可以加入的。欧亚经济联盟的成员国在参与"一带一路"建设中，不得违背其在欧亚经济联盟中所承诺的义务。

（三）俄罗斯部分人对"一带一路"的疑虑显示俄守成的一面。

俄罗斯作为前苏联的继承者，既有新兴大国的特点，也有守成大国的一面。在全球范围内，俄罗斯和中国一样是新兴力量，对美国霸权说不。但在独联体空间，俄是守成大国，希望继续维持在该地区的主导地位。

俄的双重属性反映到对"一带一路"态度上可以归结为以下几个方面：1. 中国在中亚搞新的东西方大通道，俄西伯利亚大通道的地位将被削弱，且竞争压力加大。2. 中国通过"一带一路"建设，将大大加强在独联体地区，特别是中亚地区的存在，地缘影响力将进一步上升。3. 俄罗斯正在努力推进的欧亚经济联盟会受到冲击，特别是在俄罗斯经济处于下行压力的情况下，"一带一路"使欧亚经济联盟的吸引力下降。

上述担忧显示，俄罗斯部分人缺乏开放性思维。1. 欧亚物流中，陆上通道过货量只占总量的约5%，陆路通道的潜力巨大。良性竞争有助于提高包括跨西伯利亚铁路的竞争力。俄反垄断局曾批评俄铁路运输公司效率低、费用高，这正是缺乏竞争导致的。物流低效对俄罗斯自身的经济也是非常有害的。因此，提高陆路竞争力是根本。2. 俄横跨欧亚大陆，有大量的腹地亟待发展，而这些地区不能只做过境通道，要利用经济带的建设，发展交通基础设施，实现"走出去"，这是地区发展之道。3. 独联体国家处于东西方经济发展的"低洼地段"，发展的诉求强烈，没有"一带一路"，他们就会更多地寻求西方的资金和发展模式，经济带可以为这些国家带来更多非西方的选择。4. 中国已经是世界上130个国家的最大贸易伙伴，也是俄罗斯的最大贸易伙伴，未来中国与独联体国家发展进一步的经济、金融合作是必然趋势，是历史客观进程。而中国在发展与独联体关系中，不存在地缘政治目的，也明确表示，不干涉他国内政、不谋求地区主导权、不建立势力范围。这与西方对待乌克兰一体化走向是完全不同的。

## 三、解放思想，挖掘更多的对接点

"一带一路"与欧亚经济联盟的合作，首先是中俄的合作，同时要兼顾与其他成员国的关切。中俄都需要解放思想，提出创造性的合作项目。

1. 基础设施联通。包括挖掘跨西伯利亚大铁路的运输能力，合作对其进行现代化改造。在俄远东地区的港口建设和运营上开展合作。中方要主动考虑，如何将丝绸之路经济带建设与俄罗斯确立的"跨越式发展"示范区项目结合起来。对俄来说，要考虑到，对位于欧亚大陆腹地的西伯利亚等地区来说，"走出去"更加重要。不应只关注"过境运输"的收益，更重要的是利用通道，吸引投资，开展合作，把物流通道变成"经济发展带"。

2. 促进国际通关、换装、多式联运有机衔接，加强物流信息化合作等，从软件上提供更好的服务。最典型的案例就是中欧班列，回程货物欠缺，需要在沿途组织回程货源，这样既活跃了当地经济，又可降低班列费用，增强与海运的竞争力。

3. 切实加快投资便利化进程，消除投资壁垒。这些壁垒既有思想认识上的，也有现实中的。如，仍有不少投资者认为俄投资环境不好，政策多变，而实际上俄罗斯在政策上已经改变很大。而俄罗斯虽整体投资环境有所改善，但人为障碍仍然很多。另外，投资俄罗斯腹地同样会面临交通不便，运输成本、人力成本高等问题。

4. 推动农业合作。中哈之间近年来合作进展很快，特别是双方共同种植苜蓿草、粮食等。哈对中国出口粮食在迅速增长。而中俄间的农业合作则是说的多做的少。需要通过示范性项目，消除俄罗斯对中俄农业合作会导致"中国移民"的偏见。

5. 推进跨境经济合作区等各类产业园区，挖掘中俄在资源深加工方面合作潜力。中白已经建立了中白工业园区，中哈也签署了产业合作协议，且进展迅速。中哈、中白产业投资合作对中俄合作有一定借鉴意义。"一带一路"与欧亚经济联盟对接合作要在总结既有合作经验的基础上，不断扩大合作地域范围和领域范围。

**图书在版编目（CIP）数据**

铭记历史　共创未来：中俄共同庆祝世界反法西斯战争胜利70周年
国际研讨会论文集 / 陈玉荣主编 . —北京：世界知识出版社，2018.6
ISBN 978-7-5012-5747-8

Ⅰ.①铭… Ⅱ.①陈… Ⅲ.①反法西斯战争—国际学术会议—文集
Ⅳ.①K152-53

中国版本图书馆CIP数据核字（2018）第115723号

| | |
|---|---|
| 书　　名 | **铭记历史 共创未来**<br>——中俄共同庆祝世界反法西斯战争胜利70周年国际研讨会论文集<br>**Mingji Lishi Gongchuang Weilai**<br>——Zhong E Gongtong Qingzhu Shijie Fanfaxisi Zhanzheng Shengli 70 Zhounian<br>Guoji Yantaohui Lunwenji |
| 作　　者 | 主编：陈玉荣　　副主编：李自国 |
| 责任编辑 | 贾如梅 |
| 责任出版 | 赵　玥 |
| 出版发行 | 世界知识出版社 |
| 地址邮编 | 北京市东城区干面胡同51号（100010） |
| 网　　址 | www.ishizhi.cn |
| 电　　话 | 010-65265923（发行）　010-85119023（邮购） |
| 经　　销 | 新华书店 |
| 印　　刷 | 北京虎彩文化传播有限公司 |
| 开本印张 | 787×1092毫米　1/16　13¾印张　4插页 |
| 字　　数 | 205千字 |
| 版次印次 | 2018年7月第一版　2018年7月第一次印刷 |
| 标准书号 | ISBN 978-7-5012-5747-8 |
| 定　　价 | 52.80元 |

**版权所有　侵权必究**